基于实现全面小康社会目标的中国农村公共物品供给改革研究

JIYU SHIXIAN QUANMIAN
XIAOKANG SHEHUI MUBIAO DE
ZHONGGUO NONGCUN
GONGGONG WUPIN GONGJI
GAIGE YANJIU

唐 羽◎著

首都经济贸易大学出版社
Capital University of Economics and Business Press
·北 京·

图书在版编目（CIP）数据

基于实现全面小康社会目标的中国农村公共物品供给改革研究/唐羽著．
--北京：首都经济贸易大学出版社，2020.5

ISBN 978-7-5638-3075-6

Ⅰ.①基…　Ⅱ.①唐…　Ⅲ.①农村—公共物品—供给制—体制改革—研究—中国　Ⅳ.①F299.241

中国版本图书馆CIP数据核字（2020）第058798号

基于实现全面小康社会目标的中国农村公共物品供给改革研究

唐　羽　著

责任编辑　彭　芳

封面设计　砚祥志远·激光照排 TEL：010-65976003

出版发行　首都经济贸易大学出版社

地　　址　北京市朝阳区红庙（邮编100026）

电　　话　（010）65976483　65065761　65071505（传真）

网　　址　http：//www.sjmcb.com

E-mail　publish@cueb.edu.cn

经　　销　全国新华书店

照　　排　北京砚祥志远激光照排技术有限公司

印　　刷　北京九州迅驰传媒文化有限公司

开　　本　710毫米×1000毫米　1/16

字　　数　220千字

印　　张　10

版　　次　2020年5月第1版　2020年5月第1次印刷

书　　号　ISBN 978-7-5638-3075-6

定　　价　42.00元

前言

改革开放40多年来，中国的“三农”事业逐步发展，取得了历史性的成就，在新时代又有了突破性进展。然而在中国农村仍然存在着发展不平衡不充分的突出问题。农业、农村、农民等“三农”问题关系到国计民生，所以迫切需要实施乡村振兴战略，这样才能从根本上解决“三农”问题，从而实现农业强、农村美和农民富的美好愿景。党的十九大对乡村振兴战略做出重大决策部署，并将实施乡村振兴战略写入党章。2018年中央一号文件《中共中央国务院关于实施乡村振兴战略的意见》提出，要发挥全党全社会的力量全面推动乡村振兴工作。实施乡村振兴战略是解决好新时代中国社会主要矛盾的关键所在，是实现“两个一百年”奋斗目标、实现全体人民共同富裕的必然要求。

实施乡村振兴战略的中心思想就是坚持农业农村优先发展。就目前中国经济社会的发展现状而言，“三农”问题不仅是中国实现全面建成小康社会目标的短板，也是中国未来实现现代化目标的短板所在。2017年中央一号文件提出“补齐农业农村短板，夯实农村共享发展基础”。补齐农业农村短板的关键就是增加公共物品的供给，农村“补短板”和“去产能”也需要增加公共物品供给，促进农村经济增长更离不开农村公共物品的有效供给。而目前中国农村公共物品供给总量少、质量差、供需矛盾突出，这些问题的存在表明中国农村公共物品供给需要从供给端进行改革，改革的主要任务是不断增加农村公共物品的总量、提高供给的效率和供给的质量，充分体现并符合农民的需求意愿。提高农村公共物品有效供给的重点在于增加农村基础设施建设，创新农村公共物品供给的决策方式，完善农村公共物品供给的监督机制。

本书围绕研究主题，按照层进式研究思路，在结构上分为理论研究和实证研究两大部分，在内容上共分为八章。其中，理论研究部分包括第一章至第三章，从研究背景、目的以及研究意义、方法出发，在梳理国内外学者的相关研究成果的基础上，明确了与本书研究主题相关的公共物品供给理论、农村公共物品供给理论以及中国农村公共物品供给改革的理论依据，从而形成了中国农村公共物品供给改革的理论框架。实证研究部分包括第四章至第八章，通过梳理中国农村公共物品供给体制的历史演进以及改革开放以来中国农村公共物品供给取得的成效，结合理论研究的成果具体分析了中国农村公共物品供给的现状，总结了存在的主要问题，深入剖析了原因。此外，在借鉴国外部分发达国家及发展中国家经验的基础上，提出了中国农村公共物品供给改革的总体构想以及改革策略。

本书采用规范分析与实证分析相结合、文献研究与实际调查相结合、定性分析与定量分析相结合等多种研究方法，创新性地探索了中国农村公共物品供给改革的新视角、新思路，明确了在供给侧结构性改革背景下中国农村公共物品供给改革的新方向，对于增加农村公共物品的有效供给、补齐中国农村公共物品的供给短板具有较为重要的理论价值和现实意义。本书提出的具体解决对策和路径选择，有助于破解中国经济发展不平衡不充分的难题，顺利推进乡村振兴战略的实施和全面建成小康社会目标的实现。

本书获辽宁科技学院博士科研启动基金项目（项目编号：1910B11）资助。

目录

第一章 绪 论

第一节 问题的提出

党的十九大报告明确地对当前中国特色社会主义社会的主要矛盾做出历史性的阐述，即当前社会的主要矛盾已经转变为人民日益增长的美好生活需要与不平衡不充分的发展之间的矛盾。从古至今中国始终是一个农业大国，中国人口总数中农民占比最大，而农民的生活水平却是最低的。农业、农村、农民问题的复杂性决定了“三农”问题是现阶段中国急需解决的主要问题。中共中央在1982年到1986年期间以及2004年到2018年期间连续发布以“三农”为主题的中央一号文件，对农业、农村、农民工作的改革和发展做出规划和战略部署，并着重强调了“三农”问题在中国社会主义现代化进程中的重要地位。

新时期新形势下，中国社会经济的发展举世瞩目，但是仍然有很多社会矛盾难以解决，城乡差距不断拉大且呈现继续扩展的趋势。国家统计局相关数据显示：第十二个五年规划的发展阶段，人均GDP最高的上海市相当于最低的贵州省的9倍，而印度同样标准下的收入差距仅为4.5倍。就城乡收入差距这一数据来说，中国1978年城市居民平均收入水平高于农村居民平均收入水平2.56倍，到2008年这一数值扩大到3.33倍，“十二五”期间又降低到2.75倍，即便这样，城乡公共物品供给以及公共服务水平差距仍然较大。中国农村公共物品供给不足的情况已经严重制约了农村经济社会的可持续发展，引起了城乡经济和社会发展严重不均衡的突出问题。农民收入水平的相对低下，城乡差距的不断扩大，限制了广大农村市场对工业品的消费能力；农村社会的不稳定，严重制约了全面建成小康社会的战略进程。公共物品供给水平是居民综合生活质量水平和现代化程度的主要标志，农民获得公共物品是全面建成小康社会的客观需要。完善的城乡公共物品均衡供给制度不仅可以帮助农民增强抵御风险的能力，而且能够保障农村居民提高综合生活水平，促进农村地区全面普及基本科学与文化教育，维护农村生活秩序和农村社会稳定，保证农民安居乐业，最终实现全面建成小康社会和社会主义现代化的目标。

2017 年 12 月 28 日至 29 日，中共中央召开中央农村工作会议，习近平总书记提出关于“三农”问题工作的新理念、新思想和新战略，第一次提出了走中国特色社会主义“乡村振兴”的发展道路，制定了乡村振兴战略“三步走”的具体规划。此外，会议指出要紧抓“三农”问题的关键点，以乡村振兴战略为支撑，联合社会各界多方面的力量对“三农”问题进行专项攻关。实施乡村振兴战略，主要依靠体制机制的创新。实施乡村振兴战略中的最大难题在于有效地推动生产要素向农村转移。在市场经济下，资源要素始终会向工业、城市等效率较高的方面转移。在没有国家统筹领导规划和政府宏观调控以及政策干预的情况下，农村地区经济发展就会逐渐萎缩。党中央提出实施乡村振兴的战略部署，就是用体制机制的创新手段与方法来引领和矫正市场经济良性发展及平稳运行。

社会主义社会主要矛盾，具体到中国农村公共物品供给领域，即农民日益增长的美好生活需要与中国农村公共物品的供给不平衡不充分之间的矛盾。条理清晰地把握好农村公共物品供给的逻辑关系，才是解决不平衡不充分的发展问题的基础和关键所在。

第二节　研究的目的和意义

一、研究的目的

党的十八大提出了实现全面建设小康社会战略目标的新要求，同时强调“三农”问题的解决是中国实现全面建设小康社会目标的关键。具体到生活实践中，农村公共物品供给和公共服务是否充足是决定能否实现全面建设小康社会目标的关键因素。当前形势下，农村公共物品供给短缺的现状，已经严重限制了中国农民综合幸福指数的提高。

李克强总理在第十二次全国人民代表大会第四次会议上强调：“在适度扩

大总需求的同时，突出抓好供给侧结构性改革，既做减法，又做加法，减少无效和低端供给，扩大有效和中高端供给，增加公共物品和公共服务供给，使供给和需求协同促进经济发展。”《国民经济和社会发展第十三个五年规划纲要》又提出：“必须在适度扩大总需求的同时，着力推进供给侧结构性改革，使供给能力满足广大人民日益增长、不断升级和个性化的物质文化和生态环境需要。”

因此，全面建设小康社会的战略中心在农村，而在当前中国的经济发展形势和社会发展的背景下，农村公共物品供给的严重不足和农村社会公共服务的缺位，导致中国农村经济发展缓慢、农民收入水平难以迅速提高，严重制约了中国社会经济的发展与进步。重视并妥善地解决中国农村公共物品的供给问题是全面建设小康社会的必然要求。

二、研究的意义

（一）理论意义

研究农村公共物品供给的理论意义主要体现在对本书的理论基础的延伸与拓展上，即通过对这些理论在本书中的具体运用来扩充其理论内涵，通过把这些理论和农村公共物品的具体供给实践结合起来，建立一个相对完善的农村公共物品供给机制。

本研究的理论意义如下：

第一，利用现代财政学的资源配置职能提高中国农村公共物品的供给效率，利用收入分配职能让处于弱势的农民得到更多的国家资源，利用维持经济稳定增长职能促进农村经济的增长，从而消除城乡二元经济、实现城乡和谐发展。现代财政学理论在农村公共物品供给中的具体应用，丰富了现代财政学的分析工具，拓展了现代财政学的研究领域。

第二，对中国城乡公共物品供给差距的分析，有利于推进城乡二元社会结构的破除，加强城乡基本公共服务供给体系的衔接，促进城乡基本公共服务均等化的实现，进而推进城乡一体化发展，丰富城乡一体化理论。

第三，通过对全面建成小康社会决胜阶段的中国农村公共物品有效供给现实意义的梳理，对补齐短板提出解决路径，有助于顺利推进全面建成小康社会，破解中国经济发展不平衡不充分的重大难题，丰富中国小康社会的理论研究。

（二）现实意义

本研究的现实意义如下：

第一，通过推进政府对于农村公共物品供给的改革，有效促进农村地区社会经济可持续稳定发展。中国政府对城市和乡村长期实行“二元制”的公共服务和公共物品供给体制，国家财政对城市地区投入多，对农村地区投入少，所以在农村地区普遍存在基础设施、社会保障、文化教育以及基本医疗保障等农村公共物品和公共服务比较缺乏的问题。农村公共物品和公共服务的供给远远不能满足农村社会生产发展的实际需要，因而严重限制了农村以及农村相关产业的发展。农村公共物品和公共服务的有效供给是新农村建设和发展的基本前提，农村经济能否实现可持续发展，直接影响着新农村建设目标的实现与否。只有政府部门从根本上改变“城乡二元”的公共物品与公共服务供给机制，在农村公共物品与公共服务供给方面推动实质性的改革，才能解决广大农村地区居民最基本的生活需求问题，维护农村居民表达自身公共服务需求的权利，从而提高农村经济活力，最终促进农村经济的可持续发展。

第二，通过推进政府对于农村公共物品供给的改革，大幅提高农民收入。在严格意义上讲，农村公共物品与服务的供给通常应该由政府部门保证，可现实的情况并不是如此，乡镇政府的财政能力比较有限，而社会力量更是十分薄弱，农村公共物品与服务供给的一部分成本实际上需要由农民自行承担。农民本身经济能力就较弱，此类成本的添加，往往使农民负担过重。因此，实现农村公共物品和服务的有效供给，满足农村经济发展、农民生活对公共物品的需求，有助于减少农民的负担和风险，促进农村经济发展，增加农民收入。

第三，通过推进政府对于农村公共物品供给的改革，缩小城乡差距。城市中公共物品与公共服务供给多实行“政府主导型”的体制，而在农村则更多的是实行“农民自给型”的体制。这种传统的二元体制产生的差异性造成了城乡公共物品供给不平衡，严重限制了农村社会经济的发展，出现城乡差距扩大化、城乡发展不协调等一系列问题。因此，增加对农村公共物品和服务的供给，努力实现二元体制向一元体制的转化，让农民有权表达切实的需求，有利于转变城乡公共物品供给失衡状况，缩小城乡差距，促进城乡协同发展。

第四，通过推进政府对于农村公共物品供给的改革，平衡区域间的发展。我国边疆地区、少数民族地区以及贫困地区的社会经济发展水平普遍较为落后，农民的生活水平也相对较低，依靠自身力量不可能实现公共物品的有效供给，急需来自中央政府或者是东部发达地区的帮扶。因此，党中央进一步深化改革，不断提高落后地区农村公共物品和服务供给的均等化水平，加快完善转移支付制度，增加农村地区的基础设施建设，解决水、路、电等民生问题，为贫困地区农民享受基本公共物品和服务供给提供制度保障。

第五，通过推进政府对于农村公共物品供给的改革，有效促进农村地区社会的和谐安定。目前，中国社会正处于改革的攻坚阶段和发展的关键时期，各种社会矛盾仍然普遍存在，城乡收入差距不断拉大，城乡经济社会发展水平不协调，已经影响了农村社会秩序的稳定以及农村经济的发展。因此，进一步加大对农村公共物品和服务的供给，满足农村居民对农村公共物品和服务的需要，有利于消除社会矛盾，协调好工农关系，推动区域协调发展，促进农村社会的和谐与稳定。

第六，通过推进政府对于农村公共物品供给的改革，促进农业现代化。中国传统的农业生产方式对抗自然灾害的能力较弱，农业现代化发展程度较低，生产效率和效益也比较低，自然风险与市场风险并存。传统农业转变为先进的现代农业，是中国农业发展的必由之路。农业生产活动在很大程度上需要依赖公共服务供给，农村公共物品的供给对有效降低农业生产生活中的自然风险与市场风险有明显的作用。因此，必须进一步完善农村公共服务供给体系建设，扩大农业基础设施建设覆盖面，推广与农业相关的科学技术，贯彻落实各项惠农政策，从而有效提高农业现代化水平。

第七，通过推进政府对于农村公共物品供给的改革，促进全面建成小康社会的实现。随着改革战略的不断深化，民生工作在党和国家工作全局中的地位越来越重要。中国社会经济发展迅速，但农村经济文化发展仍比较滞后，农村公共物品供给不足问题已经严重制约了全面建成小康社会的实现进程，在农民的日常生活中突出表现为“上学难、看病难、环境差”等问题。只有加快完善农村公共物品供给体系、增加农村公共物品的有效供给，才能补齐供给短板，全面建成小康社会。

第八，通过推进政府对于农村公共物品供给的改革，促进精准扶贫。“共享”是中国特色社会主义的本质要求，增加农村公共物品的有效供给是实现共享的有效途径。中国在世界范围内虽然属于中等偏上收入国家，但是发展不平衡、城乡不协调、区域不公平的问题依然存在。通过增加农村公共物品的供给，尤其是促进基本公共物品供给的均等化和普惠性，有利于缩小城乡收入差距，提高共享水平，消除贫困，促进社会公平。

第三节　研究的方法

本书采用了文献分析与调查分析相结合、规范分析与实证分析相结合、定性分析与定量分析相结合、统计分析与比较分析相结合等多种研究方法。

一、文献分析法

文献分析法主要指搜集、鉴别、整理文献，并通过对文献的研究，形成对事实科学认识的方法。本书通过对国外公共物品供给和国内农村公共物品供给的相关文献进行梳理，明确了国内外学术界对于公共物品供给以及农村公共物品供给的最新研究方法与思路，并在此基础上，形成了本书的研究框架与内容体系。

二、实证分析法

实证分析法是指用统计计量方法对经济数据进行处理的分析方法。本书采用计量经济学的方法，即单位根检验、协整关系检验、格兰杰（Granger）因果关系检验，实证分析了中国农村公共物品供给对农民收入影响、对农村经济增长影响的效应。

三、规范分析法

规范分析法主要涉及已有的事物现象，是指对事物运行状态做出是非曲直的主观价值判断，描述事物应该是一个什么样的状态的方法。本书通过分析中国农村公共物品存在的问题及其原因，借鉴主要发达国家与发展中国家农村公共物品供给的经验，并选取具有一定影响的相关理论模型，进一步根据中国特有的农村实际现状，提出适合中国发展特色的农村公共物品供给改革的思路。

四、比较分析法

比较分析法是对客观事物进行比较并正确评价事物本质和规律的方法。本书运用了应用经济学中的静态比较分析与动态比较分析相结合的方法，对中国农村公共物品供给制度进行了相关分析。对中国农村公共物品供给制度的产生、发展的演进，尤其是自身的阶段性和区域性，适合通过动态比较分析进行把握；对中国农村公共物品供给现状及其时点性特征，适合进行静态比较分析。

五、调查分析法

调查分析法是指研究者通过实地访谈、提问调查等方式收集、了解事物详细资料数据，并加以分析的方法，通常用来探测、描述或解释社会行为、社会态度或社会现象。本书采用调查分析的方法来有针对性地研究目前中国农村公共物品供给现状以及农民对公共物品供给的满意程度。

六、博弈分析法

博弈分析法就是利用博弈论的基本方法和原理，对经济学进行研究和分析的方法。本书采用演进式博弈的分析方法，利用博弈分析中最典型的“囚徒困境”模型探讨了各级政府、农民和第三方在博弈中的局部均衡及演化均衡策略的实现。基于完全信息的静态博弈分析，得出包括中央政府、地方政府、农民以及第三方在内的四方责任主体的博弈均衡。

第四节　基本结构与主要内容

本书围绕“中国农村公共物品供给改革研究”这一主题进行了系统的研究，采用层进式研究思路逐步展开，如图 1 - 1 所示。

具体的各章节内容如下：

第一章是绪论。本章概述了问题的提出、研究的目的和意义、采用的研究方法及基本结构与主要内容，并对本书可能的主要创新点及不足做出说明。

第二章是国内外文献综述。本章从国内和国外两个角度详细梳理了公共

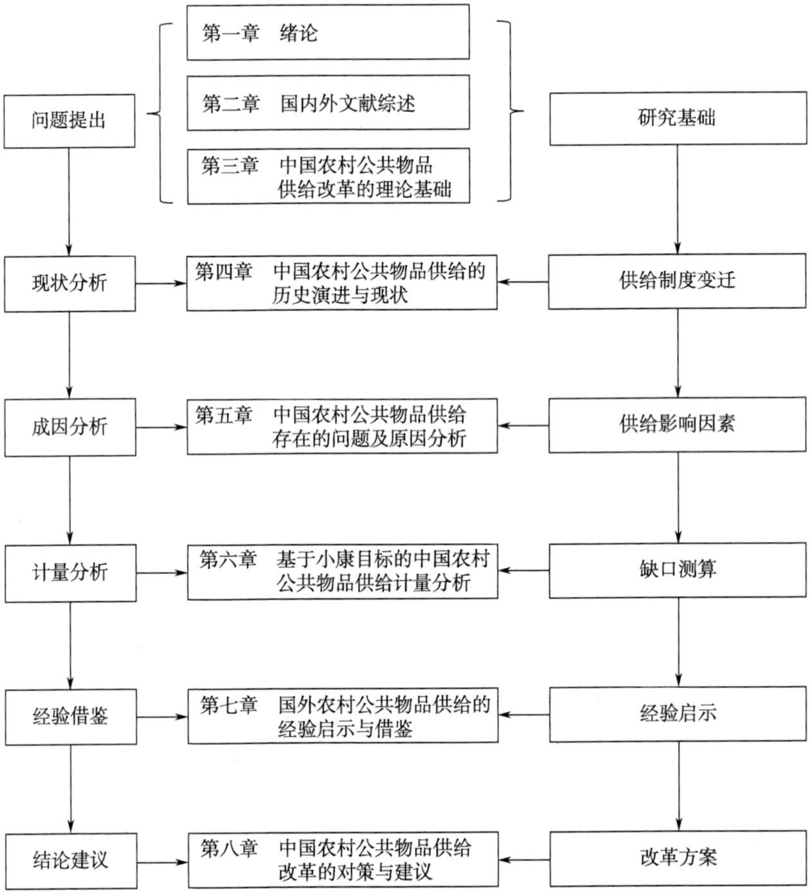

图1－1　本书的基本结构

物品供给、农村公共物品供给与农村经济发展及农民收入的关系、农村公共物品供给制度、供给主体、供给效率、供给结构、供给需求、供给筹资等多方面的研究进展与现状。

第三章是中国农村公共物品供给改革的理论基础。本章围绕中国农村公共物品供给改革涉及的概念以及研究过程中使用到的经济理论进行了阐释。在明确公共物品和农村公共物品的概念、特征的基础上界定了本书的研究对象；重点梳理了西方经典的相关理论模型，包括蒂博特模型、布坎南模型、奥尔森模型、“公地悲剧”和集体的“囚徒困境”模型、奥斯特罗姆模型；整理了中央连续十五年发布的“三农”主题的中央一号文件，为中国农村公共物品供给改革提供政策依据，进而解决中国农村公共物品供给的现存问题。本章为本书其他章节的研究提供了理论基础和解决实际问题的方法论指导。

第四章是中国农村公共物品供给的历史演进与现状。首先，介绍了中国农村公共物品供给制度历史上的三个重要阶段（即人民公社时期、家庭联产承包责任制时期及税费改革后）供给制度的阶段特征以及变化趋势；其次，概括分析了中国改革开放后国家财政对于农村公共物品供给投入的总体情况；再次，总结了中国农村公共物品供给取得的成效；最后，以辽宁省为例，进行了农村公共物品供给现状及农民满意度调查，力求为中国农村公共物品供给改革奠定微观的认知基础。

第五章是中国农村公共物品供给存在的问题及原因分析。受中国长期存在的城乡二元户籍制度、农地产权制度以及政府间财权与事权不对称、转移支付制度不完善等诸多因素影响，中国农村公共物品存在供给总量不足、供给区域不平衡、供给城乡差异大、供给效率低下、供给与需求脱节等问题。

第六章是基于小康目标的中国农村公共物品供给计量分析。本章利用时间序列数据，构建了农村基础设施投入、农村基础教育投入以及农村医疗卫生投入与农村居民人均纯收入的多元回归模型，就农村公共物品供给对农村居民人均纯收入的影响进行了实证分析，并利用格兰杰成因分析检验公共物品供给与农村居民人均纯收入之间的因果关系。在此基础上，利用 *AR* - 模型对农村居民人均纯收入和农村公共物品供给量进行预测，进而测算出农村居民人均纯收入与农村公共物品供给的缺口。

第七章是国外农村公共物品供给的经验启示与借鉴。本章通过对美国、德国、澳大利亚、日本、挪威、以色列、韩国等发达国家的农村公共物品供给各方面经验的借鉴与学习，并对墨西哥、泰国、印度、巴西、马来西亚等发展中国家的农村公共物品供给制度和政策进行分析，归纳总结出对中国农村公共物品供给改革的有益启示。

第八章是中国农村公共物品供给改革的对策与建议。在前述各章研究的基础上，本章着重提出了中国农村公共物品供给改革的总体设想，构建了改革的制度框架，并对如何改革创新农村公共物品供给的路径进行了阐述。

本书采用规范分析与实证分析相结合、文献研究与实际调查相结合、定性分析与定量分析相结合等多种研究方法，创新性地探索了中国农村公共物品供给改革的新视角、新思路，明确了在供给侧结构性改革背景下中国农村公共物品供给改革的新方向，对于增加农村公共物品的有效供给、补齐中国农村公共物品的供给短板具有较为重要的理论价值和现实意义，所提的具体解决对策和路径选择，有助于破解中国经济发展不平衡不充分的难题，顺利推进乡村振兴战略的实施和全面建成小康社会目标的实现。

第五节　主要创新点及不足

本书的创新点分别体现在研究内容、研究视角与研究方法三个方面。

一、研究内容的创新

供给侧结构性改革是党中央新一轮的经济改革构想，截至目前，国内学术界涌现出为数众多的相关研究成果，总体而言，针对政策解读的文章较多，探讨政策实践方式的文章较少，研究农村公共物品供给改革的文章更是难觅。本书在综合研究供给及农村公共物品供给理论和实践的基础上，梳理供给理论发展的渊源及演进的脉络，提出中国农村公共物品供给改革的新思路、新方法。

二、研究视角的创新

本书基于供给的角度来分析中国农村公共物品供给的新思路，并解析政府与供给改革的联动性，通过对中国各时期供给制度的回顾总结以及对当前中国农村公共物品供给存在的问题进行剖析，探讨供给侧结构性改革背景下中国农村公共物品供给的方向，具有一定的思想前瞻性和政策针对性，在减少无效供给和增加有效供给上具有较强的可操作性。

三、研究方法的创新

本书提出基于小康目标的中国农村公共物品供给缺口的计量测算方法。利用时间序列数据，构建了农村基础设施投入、农村基础教育投入以及农村医疗卫生投入与农村居民人均纯收入的多元回归模型，并利用格兰杰成因分析检验农村公共物品供给与农村居民人均纯收入之间的因果关系。在此基础上，利用 *AR* - 模型对农村居民人均纯收入和农村公共物品供给量进行预测，并将之与实现全面小康社会目标值进行对比，进而测算出农村居民人均纯收入与农村公共物品供给的缺口。

本书的不足之处在于相关数据具有局限性。由于全国与各省农村公共物品供给的投入水平统计不全面，面板数据缺失严重，因此本书实证分析部分只能主要采用全国农村公共物品各项相关指标的时间序列数据进行研究，而无法对中国农村公共物品供给的区域间不平衡状况做出分析。

第二章　国内外文献综述

第一节　国外文献综述

一、公共物品供给与经济发展的关系

迪基奥尤（Dizioil，2016）研究认为，医疗保险对个人劳动供给、经济发展有正向影响作用。在农村享有医疗保险的人相比没有医疗保险的人更能够充分地运用好医疗保障服务，因此这类人群更加健康，疾病发生概率更小一些，从而劳动参与度更高，劳动时间也就更多。波尔（Pohl，2014）认为，美国最典型的公共医疗保险项目促进了经济发展，同时也促进了贫困劳动人口的经济活动，这些均受益于医疗对受益人群的健康改善作用。

布兰得利等（Bradley et al，2013）研究认为，医疗保险对经济发展具有促进作用，企业主为其下属员工提供完善的医疗保险可以有效地激励员工参加工作。原因有两点：一是员工要想享受这类医疗保险，就要完成企业要求的工作内容；二是企业提供的医疗保险中同时包含了员工配偶和子女的报销。盖伊等（Guy et al，2012）研究指出，美国《平价医疗法案》实施后，全职工作参与概率减少了2.2%，退出劳动力市场的概率增加了1.4%。波义耳和拉艾（Boyle and Lahey，2010）、佩奇（Page，2011）认为，公共医疗保险对劳动供给会产生副作用。政府通过转移支付的方式为劳动者提供公共医疗保险，使得劳动者的非工资性收入获得了增长，因此人们会选择更多的闲暇来替代劳动，从而刺激休闲经济的发展。

杜尔劳夫（Durlauf，1996）、内希巴（Nechyba，2000）认为，公共物品的供给问题深深影响着公民的生产生活。桑德勒（Sandler，1999）认为，公共物品的供给问题也深刻影响着城市以及农村地区的经济发展。巴罗（Barro，1995）认为，公共物品供给对经济增长具有一定的影响。

二、公共物品供给的相关理论研究

金姆和米勒等人（Kim and Miller et al，2015）对美国政府公共医疗服务供给政策对于美国各地区贫困人群生活的影响进行了一项研究，研究结果显示，政府公共医疗服务供给政策对于贫困人群以及无能力住院的人群有明显的帮扶作用，很大程度上解决了贫困人群看病难的问题，保障了全体公民平等享有健康医疗的权利。萨默斯和奥利奇（Sommers and Oellerich，2013）利用美国人口调查数据对公共医疗服务供给保险项目引起的医疗经济负担减轻、贫困缓解进行了分析，研究结果显示，在政府积极有效的公共医疗服务保险供给政策帮扶下，参与人群平均每年用于医疗的开支可以减少大约 495 美元；此外，儿童群体、残疾成年群体、老年群体的贫困率均有明显降低。

在私人提供公共物品的可行性方面，伍德拉夫（Woodruff，2002）认为，网络媒体在私人提供公共物品中起到重要的作用，同时他还研究讨论了网络物品提供问题中的契约管制手段。霍克斯比（Hoxby，2001）认为，私人的互相竞争能够有效提高有关公共组织的服务质量与服务水平。例如，美国联邦快递公司进入邮递市场之后提高了美国邮政服务整体的服务质量，不仅降低了成本，还推出了新的业务。巴诺利和瓦特（Bagnoli and Watts，2003）认为，私人通过公共物品的提供与公共物品销售相联系容易产生公共物品供给过度的后果。德姆塞茨（1970）认为，可排他性公共物品私人的有效提供可以通过竞争市场获得。柏格斯特罗姆、布鲁姆和瓦里安（Bergstrom，Blumen，and Varian，1987）认为，公共物品自愿提供必然是低效的。

一些国外学者认为，公共物品供给中参与者人数的增多能够提高供给的有效性。例如，赫尔维格（Hellwig，2002）认为，多人承担成本可为公共物品的供给带来利处，由此带来的利处大于由于供给激励不足而产生的负面影响。梅拉思和波斯特韦特（Mailath，Postlewaite）认为，随着供给主体的参与人数增加，公共物品的供给成本也会提高。梅拉思和波斯特韦特（1990）还认为，在信息不完全的情况下，公共物品供给参与人数的变化会影响到公共物品自愿供给的效率和水平。奥尔森（1965）提出，由于“搭便车”问题的存在，公共物品供给的小集团比大集团更容易提供公共物品，但供给总量却低于最优水平；而大集团成员较多，所以每个人的收益份额较小，甚至有可能为零。

对于公共物品自愿供给问题，以往多采用实验经济学等理论来设计研究公共物品自愿供给机制（Voluntary Contributions Mechanism，VCM）的实验。阿施利特尔（Ashleyetal，2005）通过相关实验结合回归分析的方法研究表明，“个人互利动机”与“收益差距厌恶”在很大程度上主导着自愿供给机制实验的参与者决策；安德森和斯塔福德（Anderson and Stafford，2003）进行了一系列相关实验研究，结果表明，提高有关部门决策信息的透明度，可以有效提高效率。卡本特（Carpenter，2007）认为，在制定自愿惩罚机制的情况下可以加强合作，对人们非自利性社会偏好，如奉献、利他、收益差距厌恶、互利等进行研究，进而减少不合作行为的出现。艾克思和沃尔克（Isaac and Walker）、卡森（Cason）、尤汗（Khan）等人对政府公共物品自愿供给机制的研究开展了大规模的实验，提出“搭便车”的成员之间相互沟通能够促进合作。克拉格泰尔（Kragtetal，1983），以及沃克和加德纳（Walker and Gardner，1992）提出，公共物品供给的成员之间相互沟通不仅能够促进双方的合作，并且在解决公共物品的供给困境方面也具有十分显著的作用。卡森和尤汗（1999）通过实验进行分析，提出公共物品的决策信息不完全时供给主体间的交流所起作用十分重要。科姆瑞塔（Komorita，1994）提出，在解决公共物品供给困境中，承诺可以发挥重要的作用。安德雷奥尼、科梅斯和桑德勒等人（Andreoni，Comes，and Sandler et al）研究分析了各供给主体在自愿供给公共物品时的动因以及人性中的美德，如乐善好施、赠与等，斯密在《道德情操论》中对古典经济人的认识也得到了还原。

在对公共物品自愿捐赠主体和原因的分析与研究方面，维克利（Vicary，2000）提出，公共物品的慈善性捐助者大量存在，并且不仅仅局限于富人。维克利（1997）提出，个人供给公共物品是完全出于供给主体的自愿，并且供给个人能够从中获得某种个人利益。安德雷奥尼（Andreoni，1990）通过对数据的分析，提出当个人捐献的总数决定公共物品的供给时，具备特定的气质类型和偏好并且最富有的人才会捐献，并建立了模型。科梅斯和桑德勒（1994）、安德雷奥尼（1990）提出，公共物品的自愿捐献给个人带来的利益就是赠予带来的“光热效应”。苏根（Sugen，1984）认为，因为道德准则的固有作用，公共物品自愿捐献者的人数和其他供给主体的人数近乎一致。费希特曼和尼特采（Fershtman and Nittzan，1991）、格拉德斯坦（Gradstein，

1992）、瓦里安（Varian，1994）提出并设计了居民非同时或者跨期捐赠的机制问题。罗伯茨（Roberts，1984）、艾布拉姆斯和施密蒂兹（Abrams and Schmitiz，1984）、金马（Kingma，1989）、卡纳和桑德勒（Khanna and Sandler，2000）对私人捐赠与政府支出之间存在的相关关系进行了研究。

梅内泽斯、蒙泰罗和特米米（Menezes，Monteiro，and Temimi，2001）在不完全信息条件下进一步用离散性公共物品贡献与订购博弈理论对实践进行了指导。克莱德斯坦特尔（Crradsteinetal，1994）认为，公共物品的自愿供给方式导致公共物品的供给出现严重短缺的现象，是“搭便车”现象依然普遍存在的重要原因。伯格斯特姆特尔（Bergstrometal，1986）认为，公共物品的供给水平是由自愿供给的内生力量决定的。帕尔弗里和罗森塔尔（Palfrey and Rosenthal，1984）提出了完全信息条件下离散性公共物品的贡献博弈理论和订购博弈理论。

萨韦斯（Saves，2000）认为，公共物品的 PPP 供给模式[①]能够提高供给效率。金和萨姆罗尔（King and Sumrall，1998）、登哈特（Denhardt，2000）提倡政府除了要亲自参与公共物品的供给以外，还要让公民有机会表达自身需求。伍思诺（Wuthnow，1991）提出了“政府 + 市场 + 自愿部门”的公共物品供给模式。德姆塞特（Demseter，1970）、德鲁克（Drucker，1969）指出了公共物品市场化供给的必要性。汉斯曼（Hansmann，1980），韦斯布罗德（Weisbrod，1986）提出了政府与非营利组织功能互补的供给模式。

三、农村公共物品供给与农民收入的关系

阿亨姆（Aheam，2015）认为，公共医疗保险对农民劳动供给决策具有重要的影响，在农民认为劳动边际收益相对大于闲暇边际价值的情况下，参保的农民就更愿意增加劳动供给；相反，当劳动边际收益相对小于闲暇边际价值的时候，参保的农民就会选择闲暇而减少劳动供给。常（Chang，2014）通过实验研究表明，在中国台湾地区，医疗保险使农民在非农劳动中花费的时间减少，一定程度上降低了农民参与非农劳动的概率，农民愿意更多地参与农业劳动，农民参与农业劳动的时间明显增多。因为公共医疗保险参保条

① PPP 供给模式是政府与社会资本之间通过风险分担和利益共享，发挥公私双方资源优势，共同建造公共品或提供公共服务的一种资本合作经营模式。

件中明确规定：农民参与农业劳动时间、农民耕地面积必须严格满足一定的标准，并且不允许农民参与全职类的非农劳动工作。

有学者认为，农村公共物品供给对农村社会与经济的发展能够产生重要的影响。科查尔（Kochar，2009）认为，印度的中央集权制度对于农村公共物品的供给具有很大效果，这种中央集权制度能够使印度农村的公共物品供给费用具有一定的平等性。巴里奥斯（Barrios，2008）设计了一个与各种发展制约因素有关的家庭模型，根据模型的分析提出家庭的洞察力是促进农村社会经济发展的重要因素之一。古鲁克（Gurluk，2006）认为，农村发展项目可以更好地维持农村的生态系统。

部分国外学者认为，增加农村公共物品供给可以提高农民收入，对减少贫困、缩小城乡差距有着积极作用。卡尔巴斯（Karbasi，2008）认为，农业技术进步和农村公共电网对减少欠发达地区农村收入不平等有重要作用。罗（Luo，2007）认为，直接选举农村领导的选举制度能够有效增加农村公共物品的供给，使贫穷地区的农民增收。蔡（Tsai，2007）认为，政府制定的官方制度在发展中国家农村中对于农民没有有效的责任约束。冯（Feng，2004）认为，有关政府机关在广大农村推行惠农政策措施能够有效提高农村公共物品的供给效率。卡尔德龙（Calderon，2004）认为，在扶贫工作中，在经济落后地区提升公共物品的供给效率对扶贫效果有更加显著的影响。

在不同种类的农村公共物品的收入效应研究方面，凯西柏（Kashiwa，2013）认为，积极对农民田间学校进行投资，不仅可以提高农村人口素质，还可以推广与农业相关的科学文化知识，有效提高农业产出率，进而提高农民收入。范（Fan，2004）认为，对经济欠发达地区增加农田水利、农村道路、农村电力、通信等基础设施的供给，其增收效果相对而言好于经济发达地区。张（Zhang，2004）认为，中国基础知识教育、文化艺术教育等非生产性公共物品的供给效率以及供给水平比较低。奎罗斯和高塔姆（Queiroz and Gautam，1992）认为，农村道路数量的多少和质量的优劣可以很直观地体现农村地区经济发展水平，并且还测算出了人均农村道路长度和农民收入水平呈正相关关系。舒尔茨（Schultz，1964）认为，提高农村地区农民的科教文化水平可以促进农民增收。

四、农村公共物品供给的相关理论研究

阿利埃提（Aryeetey，2016）对加纳各地区以及各城市和农村居民的调查

数据进行了严格的审查，分析了“国家政府医疗保险政策”“家庭医疗总支出”“家庭贫困”三者之间的密切关系，研究结果显示：高昂的医疗开支直接导致了阶段性的“灾难性支出”和长时间的家庭贫困，医疗保险项目可以明显减少农村居民的医疗现金支付，有助于减小贫困发生的概率。

在政府公共财政对农业投入以及对经济增长的作用研究方面，安特尔（Antle，1993）设计了一个单方程的生产函数，通过模型设计与计算得出农业基础设施的增加和农业科学研究水平的提高能够降低农业生产的成本，进而能够提高农业的生产力水平。

在农村医疗公共服务供给研究方面，欧文（Owen，2010）认为，农村的医疗服务与农村的富裕程度具有很强的关联性。斯金纳和罗森堡（Skinner and Rosenberg，2006）认为，农村公共医疗保障与公共健康服务均可以采用私人和公共两种供给形式。戈萨泽（Gotsadze，2005）认为，美国佐治亚州的农村公共物品改革在促进农村公共医疗卫生服务迅猛发展的同时，还有效减轻了政府财政方面的负担。

在研究农村公共物品供给制度以及相关政策措施的选择方面，佐藤干哉（Mikiya Sato，2006）认为，日本对低收入群体采取的内部补助金制度十分有效地缓解了农民的经济负担。豪莱特（Howlett，2003）认为，苏格兰紧急医疗服务通过私人立约的方式来制定规章制度和掌握资金动态，取得了显著效果。哈波特森（Habtetsion，2002）认为，制度结构不适宜、缺少对工作人员的有效激励、缺少与农村发展相关能源股东之间的联系，是阻碍在农村推广现代能源服务问题的根源所在。

在农村公共物品供给绩效评价研究方面，贾维尔和拉卡尔（Javier and Lacalle，2010）认为，公共医疗服务市场化改革对农村医疗服务供给的效率产生了十分重要的影响。里特维尔德（Rietveld，2009）设计出一个水供给系统技术评价体系，并运用模型测算和评价了南非农村水供给系统的效率，结果表明，南非农村的水利设施普遍存在供给效率较低的现象。康托迪莫普洛斯（Kontodimopoulos，2006）运用DEA法进行定量分析，研究调查希腊农村的健康服务效率和服务水平，认为农村健康服务的提供者在农村中扮演的角色与供给效率有着一定的关联，农村地区所在的地理位置与自然环境也会影响公共物品的供给效率。泽克里（Zekri，2003）通过对突尼斯农村公共供水系统与私人供水系统的供给效率进行比较，指出公共供给和私人供给相混合的供给方式供给效率最高。查克拉博蒂（Chakraborty，2002）通过对孟加拉国和印度部分农村的调查表明，健康医疗卫生服务私人提供的方式供给效率相对较低，应该大力组织开展培训项目，促进内部沟通，从而提高医疗服务供给效率。

在农村公共物品供给主体研究方面，塞拉（Cela，2009）认为，农村自治的社会组织在地方公共物品的供给中具有十分重要的作用。佩因特（Painter，2008）认为，公共服务供给在市场化的同时，也应重新定位政府在公共服务供给中扮演的角色。德·科斯塔（De Costa，2007）认为，在公共医疗与健康服务各环节中，政府部门扮演着领导者和平衡者的角色，构建完善的公私合作供给的伙伴关系有助于确保公共医疗卫生与健康服务的有效供给。

在农村公共物品的需求特征研究方面，麦克米伦和图福尔（McMillan and Tuffour，1991）认为，城乡之间对于农村公共物品的需求差异很大，城市公共物品的需求价格比农村富有弹性。卡马尔（Qamar，2004）认为，政府想要不断完善服务方式，必须以农村基本需求为主要方向，为农村提供基础的公共服务，通过这种基本方式能够刺激农民积极参与到社会经济进步的伟大事业中。古纳蒂拉克（Gunatilaka，1999）对斯里兰卡农村地区公共物品需求特征的分析表明，以福利最大化为目标，难以实现对农村基础设施供给率的准确评估。加多姆斯基（Gadomski，1997）认为，为满足公共医疗卫生环境的需求，农村各类创新型组织可以通过公私互补的供给方式来改变农村公共物品供给不足的现状。

五、中国农村公共物品供给的相关理论研究

国外对中国农村公共物品供给研究较早的学者有魁奈、亚当·斯密等人，而现代国外学者对中国农村公共物品供给进行的表述较少。

罗泽尔（Rozelle，2007）认为，在中国社会，由于农村的领导采取的是选举制度，这就直接造成了中国政府需要增加对公共物品的投资。OECD（经济合作与发展组织）报告（2006）指出，要使农村公共物品供给更加有效和公平，只有不断改革中国政府与财政之间的关系，不断提高公众对预算的运用与了解。里·莉和利·泰（Li Ly and Lee Tsai，2002）调查发现，村干部对公共事务的治理资金主要依靠社区的筹资，政府的投入资金难以进入农村地区。樊胜根（Fan Shenggen，2002）认为，民主化程度严重影响着农村公共物

品供给的有效程度，无论是选举的官员，还是任命的干部，都更加希望降低税收，同时能够提高农村公共物品的供给质量和供给效率。坡品斯特普·安徒生（PerPinstrup Andersenr，2002）认为，政府对水利等基础设施的投资能够促进农业的发展，政府想要提高水利设施的投资回报率，就需要优先制定相关制度和政策措施。森（Sen，2001）认为，“政府积极改革对经济有效提高产生了十分重要的作用，比如在上世纪七十年代之前的土地改革、基础教育普及、消除文盲、大力扩充公共医疗队伍力量等国家政策，这些改革措施应该完全得到公民的肯定”。然而森却忽略了在当时那个年代背景下，计划经济体制下政府农村公共物品供给政策缺少了基本的微观经济基础，这种供给必然是不可能不断增加的。舒尔茨（Schultz，1968）认为，导致农业产量下降的原因主要是命令方式的农业，而命令方式的农业根源于计划经济体制的固有弊端，计划经济体制不断降低农民对新经济机会的感知。盖尔·约翰逊（Gaile Johnson，1999）提出，中国要想使“农村经济”过渡到“市场经济”，必须从改革农村公共物品供给结构入手。

第二节 国内文献综述

一、农村公共物品供给与农村经济发展的关系

农村公共物品供给与农村经济发展存在着密切的相互关系。顾金峰（2017）通过研究提出，农村公共物品能够为农村经济发展提供基本的保证，农村经济社会的发展也能够促进农村公共物品的供给层次与规模建设。张敬德（2015）认为，农村公共物品供给与农村社会经济发展之间相互的密切关系为政府进一步扩大农村公共物品的供给力度提供了理论依据和信息支持，从而有利于解决现有的公共物品短缺问题。张晗、何静（2012）认为，农村公共物品的供给数量与农村社会经济的发展程度和农民生活质量的提高速度有直接的、密切的联系，城市部门对公共物品的有效利用会导致政府具有城市偏向性的政策选择，并且会迫使政府减少对农村公共物品的投入。

部分国内学者认为，农村公共物品供给是影响农村经济社会发展的重要原因。例如，姚蕊（2017）认为，农村公共物品供给不足制约着农村的发展，

提出建立有效的政府与村民沟通渠道、完善农村公共物品供给方式等改进建议。唐娟莉（2015）指出，中国农村公共物品的供给与农村居民的消费需求之间存在结构性失衡问题。刘晗、谢洲、倪远栋（2012）认为，农村公共物品的供给是影响中国社会和经济稳定发展的主要因素。杨愉洁（2012）、林凤（2011）认为，农村公共物品供给是影响农业、农村发展和农民收入的关键因素，农村公共物品供给在农业社会发展与进步、农民生活水平提高过程中起着重要作用。

一些学者提出，农村公共物品供给在缩小城乡差距和新农村建设方面具有重要作用。黄启发、尹金承（2017）认为，以农民创业者为核心形成村庄公共物品供给内生机制是可行的，对建设美丽乡村具有良好的借鉴意义。刘炫、李郁芳（2016）认为，农村民生性公共物品供给水平的提升对农村减贫具有积极的作用。胡建华（2014）认为，中国农村公共物品供给的机制是否健全将会直接关系中国社会全面进步以及社会主义新农村的建设与实施。李雪松、冉光和（2014）认为，中国农村的经济增长水平与新农村建设政策因素会直接影响农村公共物品的供给效应。吴平、张茜（2012）提出，充足合理的农村公共物品是缩小城乡差距、促进农村经济社会稳定发展的必要条件。张琴（2011）提出，中国建设和谐社会以及建设社会主义新农村的核心环节就是要改善农村公共物品的供给、缩小城乡差距。邓凯、吴平（2010）认为，在城乡统筹一体化改革背景下，村级公共物品的供给问题能否又快又好地解决关系到中国城乡基本公共服务均等化目标的实现。袁静、耿照源、石龙（2010）认为，提高农村公共物品的供给效率有利于缓解日益拉大的城乡差距，农村公共物品的供给是中国社会主义新农村建设的重要基础。

马晶、朱晓辉、郑楠（2016）认为，应不断创新和完善供给机制模式，正确认识供给体制优化过程中各种制约因素，探索新型农村公共物品供给机制创新、供给观念创新、供给主体多元化、供给模式创新、运行机制创新，推动农村经济的发展。滕明雨、刘雨夕（2015）认为，扩大农村公共物品供给将有效推动农村技术进步、促进物质资本以及人力资本的积累，将其转化为生产力，促进农村经济发展。周亮、朱建文（2014）认为，促进中国农村经济发展过程中，农村政府应该积极引导多元化供给并制定相应的激励政策，同时进行公共物品供给制度创新。

二、农村公共物品供给与农民收入的关系

唐娟莉（2015）设计了农村公共物品供给水平的评价体系，并综合运用因子法和聚类法，对中国农村公共物品的供给水平进行了测度。官爱兰、王海平（2014）认为，农民人均纯收入与农村集体固定资产投资、农村义务教育投入、农村医疗卫生投入具有长期均衡关系以及因果关系。凡启兵、黎东升、李静（2010）认为，农村公共物品供给与农民消费支出具有长期恒定关系。宁淑媛（2013）认为，农村公共物品的供给不足直接影响了农民收入的增加，农村公共物品的投入对于农民收入增长具有促进作用。因此，政府应该加大对于农村公共物品的投入力度，这样才能促进农民收入的增长和农村经济的发展。李莎莎、蔡承智（2011）认为，农村公共物品供给对农民收入具有一定的影响，应加大农村基础设施投入力度、完善农村社会保障制度、增加农业科技研究和推广投入，从而促进农民增收。季鸣、王林（2010）认为，农村公共物品供给，即对科教文化、健康医疗卫生及农村中道路、通信、电力等基础设施的供给，不仅影响着农业农村的产出、收入，还深刻影响到农村公共物品供给结构。

三、农村公共物品供给体制

（一）农村公共物品供给体制创新

国内很多学者从政府责任的角度研究农村公共物品供给体制。例如，张建伟、杨阿维（2017）认为，在中国农村公共物品供给体制改革过程中，政府应该加大投资力度、优化供给体系、加强治理力度、完善监督评价。甘甜、张隽钊（2016）认为，政府有责任承担中国农村纯公共物品的供给责任，合理利用民间资本为农民提供部分准公共物品，因地制宜地调整农村公共物品中政府供给与市场供给的占比，从而有力推进中国农村公共物品供给的有效性。唐娟莉（2016）认为，农村公共物品的供给水平以一种直接又间接的形式准确地反映了政府工作与政府政策在农村公共物品供给上的行为偏好。贺大兴（2014）认为，地方政府解决农村公共物品投入不足问题，可以通过财政政策适当向农村地区倾斜、增加农村行政经费投入、设立公共物品建设专项资金、约束基层单位权力的方式进行。胡秋华、宋延清（2014）认为，解决农村公共物品供给不足问题的重点是理顺政府与农村之间的财权与事权关

系。韩鹏云（2013）认为，实现公共物品供给制度的路径创新可以尝试积极引入国家治理的力量，打造公共物品供给集体权责新路径。

在农村公共物品供给的创新制度的讨论与研究方面，肖建（2017）认为，农民的自为性对农村公共物品的供给具有十分重要的意义，因而需要增强农村地区的民主建设，归还农民公共物品话语权，调整农村的社会关系，重建农村的公共空间。张青、张瑶（2017）认为，非生产性公共物品是创业支持系统的重要内容，应在此基础上不断提高非生产性公共物品的供给效率和水准，进一步完善和优化投资创业环境，提高创新意识，从而更多地提供创新创业机遇，有效地激发经济发展动力。刘承礼、丁开杰（2016）提出，可以通过改善公共物品决策机制、融资机制、运行机制、监督机制，推动城乡一体化发展。孔士平、耿改智（2016）认为，中国农村公共物品供给方面存在的很多亟待解决的问题严重制约了中国农村地区社会经济的发展活力，为此，有针对性地提出了完善政府主体责任和主体作用、发挥市场的补充作用、鼓励非营利组织的广泛参与、强化农民个人影响作用的供给新机制。刘琦（2015）提出，可以建立农村基础设施的多元化供给体系，明确农村基础设施供给的重要性和优先权，政府应不断加强对农村基础设施资金使用的监督管理，进一步推进农村公共物品供给改革。康璇璇、耿改智（2015）认为，随着农村老年人口增多、老龄化的加剧，农村公共物品消费总量不足、消费品质量较差、消费结构亟待优化等问题日益凸显。因此，需要加快推进城乡基本公共服务均等化，统筹城乡发展，创新供给模式，拓宽供给渠道，完善需求表达机制。

韩鹏云、刘祖云（2014）认为，实现农村公共物品供给主体的各核心利益相关者之间的共同治理和利益均衡是中国农村公共物品供给制度创新的方向。林亚菲（2014）认为，中国社会发展需要实现以农民的基本需求为引领的宽领域多视角供给体制改革，逐步弥补和完善农村公共物品供给体制机制。李伟（2014）认为，构建城乡公共物品均等化的供给机制、扩大供给规模、优化供给结构、完善供需均衡机制，能够推动农村经济发展。郝杰（2013）认为，通过体制内和体制外两种职责分工与合作的方式可以形成对农村公共物品的有效治理。王金国（2012）提出，应创新供给机制，拓宽供给渠道，增加供给主体，提高供给效率，走“官民合作”的农村公共物品供给道路。朱长明（2012）提出，通过科学合理划分财权和事权，完善财政供给机制，解决农村公共物品供给不足问题。韩鹏云、刘祖云（2012）提出，应实现国家与乡村在理念、资金、制度三方面的有效链接，以其推动公共物品供给机制创新。刘晗、倪远栋、谢洲（2012）提出，应健全供给机制，实施“一事一议，财政奖补”的供给制度，创新农村公共物品供给的渠道。孙锋、贾晓俊（2011）提出，应建立统一的公共物品供给制度，改革现有预算管理体制，促进农村公共物品有效供给。周灿、铁卫（2011）提出，应构建多中心供给模式，形成“自下而上”的需求表达机制，加强宣传教育。林凤（2010）认为，中国农村公共物品有效供给的关键问题在于对农村公共物品供给制度进行改革与创新。

何丽花、周绍斌、高林（2016）用“断裂—均衡”演化模式，以路径依赖和竞争性行动者的机制，来分析中国农村公共物品供给制度存在的困境及破解之道。杨倩（2015）认为，改革农村土地制度，发展村民民主，对接国家财政转移支付，可以提高农村公共物品的供给数量和质量。伏虎（2016）认为，在供给侧结构性改革的背景下，国家与各级政府需要加大对农村公共物品的增量供给，并且逐步调节存量的结构。

（二）农村公共物品供给主体

在供给主体多元化的研究方面，林凤（2017）提出，在政府发挥主体代表作用的基础上，建立市场、个人和企业三方联动的多元化供给体系。邢成举（2017）认为，中国农村公共物品多元化的供给主体与供给方式的多元化是充分调动农村地方力量参与到农村公共物品供给与使用过程中的重要因素。付莲莲、邓群钊（2015）提出，应提升农民参与新农村社区公共物品供给的意愿，发展民间组织、完善农民的需求，实现多主体供给。彭长生（2011）提出，应建立各方共同参与的长效供给机制，充分发挥村集体的主导作用。付伟铮、梁劲锐（2010）认为，农村公共物品的供给主体不仅是政府，还包括私人部门、非政府组织和农村社区组织，应积极推进农村公共物品供给主体的多元化。

在多元化供给主体主要责任承担的相关研究中，贺娜（2015）认为，政府应当承担农村生产性公共物品的主要供给责任，积极推动供给体制改革。邓宏图、齐秀琳（2017）认为，一个能强制规定并执行合约的“第三方”与一个恰当的合约设计是农村公共物品有效供给的必要条件。庄晋财、鲁铭芳（2017）认为，企业在提升对社会责任的认知的同时应履行好相关责任，逐步发展成为农村公共物品的供给主体部分，从而促进企业对农村公共物品的有效供给。陈宸（2017）认为，农民成为农村公共物品建设的主体，可以更好地表达公共物品的需求，促进农民增收。金国（2012）认为，在中国农村公共物品供给主体的选择过程中，由于农民自身的内生合作能力较弱，因此需要一个自上而下凭借行政执行力的乡村组织介入到村庄秩序的建立中，同时还需要建立健全农民的利益诉求和民主参与机制。韩鹏云（2012）从国家与农村相关性的长效联动角度指出，农村公共物品供给问题的要点在于打造全新的创新性农村公共物品供给国家新体制。刘涛（2010）认为，要解决公共物品供给困难的问题，需要增强村集体组织的力量，以农民合作的方式实现农村公共物品供给的目标。

董磊明（2015）指出，符合农村实际的行政组织建设和社会建设能够提升供给内生性机制，提高供给效率，促进供需均衡。王欧阳明（2011）认为，科学界定农村公共物品的供给类别与范围，建立农村公共物品和公共服务的有效供给体系对农村经济社会发展具有积极的促进作用。

（三）农村公共物品供给决策机制

郭新平、高丹（2017）认为，中国农村公共物品存在供给决策核心圈封闭化、主体地位差序化、互动规则隐性化、决策执行效果低效化等问题。李秀义、刘伟平（2017）提出，应完善村干部绩效考核机制和村民民主机制，提高财政奖补额度以促进农村社区公共物品有效供给。王海娟（2016）提出，可以通过激发村级组织的积极性，形成自下而上的新型决策体制，从而实现国家自上而下资源输入与农民公共物品需求的有效对接。石慧、孟令杰（2015）认为，当前中国农村的民主直选制度对农村公共物品供给有效性具有重要的影响。李郁芳、蔡少琴（2013）认为，制度内生于村民自治的“立宪”过程，能实现有效治理。韩鹏云（2013）认为，政府必须首先发挥其自主性，整合完善治理体系，保证村庄治理制度措施的积极作用，提高创新意识，使农民在农村社区公共物品供给中发挥更关键的作用。王海员、陈东平（2012）认为，村庄民主化治理对公共物品供给数量具有一定影响，选举主要影响资源在村庄之间的配置而非资源总量的增加。

（四）农村公共物品供给效率

庄晋财、董春慧（2017）认为，若要提高中国农村公共物品的供给效率，可以积极引导农村的宗族文化影响力并有效地利用农民创业者的社会资本。

周晓燕（2016）认为，建立高效的政府分工管理体系、合理地划分事权与财权等策略能够提升中国农村公共物品的供给效率。周思勤 、陈礼芳（2013）提出，应基于政府主导地位和农民主体地位两个视角提高农村公共物品供给效率。严奉宪、刘诗慧（2015）提出，应制定可行政策，提高政策执行力度，提高农业减灾公共物品的供给效率。高名姿、韩伟、陈东平（2015）提出，农村公共物品的供给高效主要在于尊重社会资本。周亮、朱建文（2014）认为，提高农村公共物品的供给效率需要从制度、供给技术、城乡一体化共同发展及美好乡村建设层面进行改进。邓宗兵、张俊亮、封永刚（2013）认为，供给效率与第一产业比重、农村居民收入显著正相关，而与公路密度、城镇化率不显著相关，增加农民收入有利于供给效率的提升。周亮（2013）认为，农村公共物品的提供是否具有效率与农村经济增长具有一定的关系。彭长生（2012）研究指出，财政奖补能够提升村干部和村民的积极性，进而提高供给效率。宗璐璐（2012）提出，中国农村应该尝试通过构建“城乡统筹”的农村公共物品供给制度来提高农村公共物品的供给效率。王灿雄、徐文朴、谢志忠（2011）认为，深化农村医疗保健制度改革、加强义务教育工作贯彻落实、充分利用交通网络和通信手段的优势和便利、革新城镇以及农村地区公民的消费意识与消费理念，能够提高农村公共物品的供给效率。周思勤、陈礼芳（2010）提出，可以通过确立农民的主体地位来提高供给效率。李国政、杨峰（2010）认为，农村公共物品供给效率的圈层结构理论，即政府供给意愿与农民需求偏好的契合度对于供给效率极其重要。朱汉平（2010）认为，在社会主义新农村建设的大背景下，将公共财政的资金投入或制度导入与公共选择下的乡村治理改进融合起来能够提升农村公共物品的供给效率。

（五）农村公共物品供给模式

袁静（2016）认为，由政府主导的农村公共物品供给模式必须转变为由需求主导的供给机制。李继刚（2016）提出了“社会精英＋宗族”“国家＋村干部”“农民＋农民”等可能的农村社区公共物品供给模式。刘蕾（2016）认为，政府在积极推进户籍制度与土地制度改革的同时，应充分调动外出务工劳动者对农村公共物品供给事业的积极性，对于农业劳动生产各环节中重要的公共物品，应加大财政投入力度。袁缓缓（2013）提出由城乡一体化体系、多中心治理理论构建的新型供给模式。张晨（2012）认为，对于农村公共物品供给模式问题，应积极发挥创新精神，集思广益，共同努力，改革农村社区公共物品供给模式。王奎泉、范诗强（2011）研究提出政府诱导供给新模式，通过税收减免、财政奖补等激励政策，诱导私人或村集体积极参与公共物品供给。洪必纲（2011）认为，农村公共物品消费对农村经济和社会各项事业的发展起到了重要的推动作用，应围绕农民的真实需求，创新农村公共物品供给模式。

（六）农村公共物品供给与农民满意度

李冰冰、王曙光（2014）调查发现，农民对当前部分公共物品的满意度较低，因此，促进乡村治理转型、提高民主参与水平具有重要的现实意义。廖媛红（2013）研究发现，农村居民对于公共物品的满意度的高低，主要取决于村庄公共事务的执行手段和决策方式，农民的社会资本正向影响农民对公共物品的满意度。赵伟（2013）通过对山东、浙江和江苏三省农民的问卷调查，分析农民对各项公共物品的满意度，并提出中国农村社会需要加大公共物品的投资规模并积极推进统筹城乡一体化发展，提高公共服务的覆盖面。丁静静、韩宏华（2012）认为，科技服务、社会保障体系及基层政府服务等公共物品的供给显著影响农民满意度。方凯、王厚俊（2012）认为，在城乡一体化发展过程中，农村的物质性公共物品供给严重不足。成为阻碍农民满意与农村社会和谐目标实现的重要因素。肖亮（2012）研究发现，社会保障主要影响农民对政府公共物品供给的满意度，其次是交通、住房、教育、医疗。朱玉春、唐娟莉、罗丹（2011）通过对 1 571 户农民的调查表明，农民对乡镇政府的评价、农民参与满意度影响农民对农村公共物品供给效果的评价。朱玉春、乔文、王芳（2010）通过调查发现，农民对农村公共物品的满意度有优先次序性。朱玉春、唐娟莉（2010）认为，农民对农村公共物品的需求具有一定的层次性和阶段性，农民满意度具有一定的次序性。马骅（2010）认为，农村公共物品的供给与农民的客观需求存在相当程度的脱节现象，因此要提高农村公共物品提供过程中的公共监督，加强公共物品的维护和管理。

（七）农村公共物品供给其他方面的研究

需求机制的研究方面，龙斧、高万芹（2016）提出通过财政支农资金和供给政策建立起村级的民主治理结构，从而有效满足村民的公共物品需求。程珂（2016）提出，应健全供给决策制度、执行制度、监督制度、协商制度，以此保障农民村务治理权利。韩清轩（2015）提出，应构建有效的农民需求表达机制，以及进行配套制度改革。陈锋（2011）提出，应发挥民主机制来表达农民的公共物品需求偏好及其决议，实现公共物品合理供给。

供给方式的研究方面，袁松、蒋骅（2014）提出，农村公共物品的信息化供给方式应具有可推广性。桂华（2014）提出，农村公共物品应采取项目制供给方式优化供给体制。

供给筹资的研究方面，郭维（2013）提出，应采取新型社区方式解决农村公共物品供给筹资困难的问题。王利君（2013）认为，农村社会的发展需要改革现有农村公共物品的供给体制，及时快速建构多渠道的农村公共物品供给的筹资模式。

供给结构的研究方面，严奉宪、柳颖（2015）提出，应以农民需求为出发点改善农村公共物品供给结构。邓宗兵、楚圆圆、刘夏然、王炬（2014）认为，在确保农村居民持续增收的同时，要着重考虑农村公共物品供给结构的合理调整。秦燕（2010）认为，解决农村公共物品供给问题，关键在于要合理地调配公共物品供给顺序并分清主次，重视农村公共物品供给结构效应。

第三节　文献综述简评与拓展启示

一、简要评价

通过对前面所述文献进行梳理与分析，发现国内外的研究学者从不同角度与不同层次对农村公共物品的供给及其供给机制进行了大量卓有成效的研究，并取得了一定的具有现实意义的研究成果。

首先，国外有关公共物品供给理论、供给制度等的研究已经相当丰富。国外专家在农村公共物品供给方面的研究更多地侧重于对一些发达国家公共物品供给实践的研究，对发展中国家农村公共物品供给相关实际论证研究较少；国外学者对于公共物品供给以及农村公共物品供给的研究方法更多地侧重于实证分析和在此基础之上的经验归纳，对农村公共物品供给机理的系统梳理和深入研究相对较少。

其次，国外学者对中国农村公共物品供给的研究相对较少。一方面，与中国的公共物品供给的城乡差异相比，国外的城乡差异较小；另一方面，国外的城乡二元经济结构也没有中国明显。因此，国外有关专家学者对农村公共物品供给机制的讨论研究并不多见，对于中国农村公共物品供给机制的研究则更加稀少，只有少数国外学者涉及该问题的研究，对中国的经济体制、特殊国情的公共物品供给政策及实施对策的探讨几乎没有。即便如此，国外学者关于公共物品供给的理论框架、实验研究、调查研究以及成功实践的研究中仍有很多值得借鉴的经验。

再次，近年来，国内学者从不同的视角与不同层次对中国农村公共物品的供给机制问题进行了深入的研究讨论。总体来看，中国专家学者对农村公共物品供给机制的研究大部分体现在供给需求与决策机制、供给方式与主体、筹资机制以及供给制度创新等方面，并已取得了很多有理论价值和实践意义的研究成果。

最后，众多国内学者尽管从不同的角度对中国农村公共物品供给问题展开了深入的实践调查与理论探索，也产生了许多学术成果，但这些研究仍然存在一些局限性。目前中国农村公共物品供给研究多集中在农民的需求表达、政府的供给机制以及公共物品供给困境的研究方面。其中，需求机制方面的问题主要侧重于农民的公共物品需求偏好难以准确地进行表达，供给机制方面的问题主要侧重于制度内供给不足以及制度外供给受困于自上而下的决策程序的制约。针对中国特有的农村公共物品供给体制的研究还有很多领域有待发掘。农村发展日新月异，缺少实实在在解决农村公共物品供给难题的有效措施，农村公共物品供给政策仍旧在总体指导阶段，很多领域处于薄弱环节，还未深入涉及和探究。

二、拓展启示

相关的研究成果为本书提供了宝贵的理论基础和坚实的研究资源。对国内外已有文献进行汇总与总结，可以得出以下启示：

第一，国外学者对公共物品相关理论与农村公共物品供给实践的研究，基本上是基于各自所在国家的基本国情和经济运行机制。许多国外学者对中国社会的文化和经济转型了解不够充分，加之中国特殊的国情造成中国在经济社会发展的阶段与历史变迁、公共物品供给制度与策略方面都有独自的特色，因此，西方发达国家背景下成熟的公共物品供给理论不能直接照搬到中国农村公共物品供给实践中来。

第二，国内现有研究的视角大多集中在对农村公共物品供给现状与存在问题的描述和解释或者是对农村公共物品供给机制某一侧面进行深入研究，分析问题较具体和分散。本书的研究视角是对中国农村公共物品供给机制进行系统的分析，侧重于整体的宏观框架设计与研究，根据中国农村公共物品供给管理地域性、供给机制层次性和供给模式创新性，形成系统的理论体系。

第三，国内目前针对中国农村公共物品供给需求的研究多是从政府供给的角度进行的，针对农民对农村公共物品的具体需求进行研究的比较少。因为中国国土面积大，农村幅员辽阔，不同地区的农民对公共物品的需求种类与偏好以及需求重点等都具有强烈的地域性差异，而且随着经济社会的快速发展，农民的需求也在不断地变化。通过对本书前述的相关研究文献的整理，得出了一个重要的启示，即构建以需求为导向的中国农村公共物品供给体系能够提高中国农村公共物品的供给效率。随着中国农村社会经济发展水平的不断提高，农村公共物品供给发挥的市场将会越来越大，农民自组织作用将会越来越强。因此，本书尝试性探索以需求为导向构建中国农村公共物品供给分层的新机制。

第四，国内现有的关于中国农村公共物品供给机制的研究基本上都是静态的，只有部分学者如张昕、张宪昌等人提出公共物品的动态特性和建立动态公共物品供给模式的构想，但都只是停留在理论层面，没有落实到具体的实施过程中，而且都是对中国公共物品进行的研究，尚无对中国农村公共物品供给机制的动态研究。由于中国不同地区的农民对公共物品的需求具有显著差异，同时随着社会经济的发展，农民对农村公共物品的需求也会发生变化，因此，本书在研究中国农村公共物品的供给机制时，更多地考虑中国农村各地区间经济发展水平的客观差距以及农民需求存在的差异性，在农村公共物品供给模式的选择上采取动态的理念，因地制宜，积极探索中国农村公共物品的动态供给机制，进而实现中国农村公共物品的有效供给。

第五，通过对国内外文献的研究发现，农村公共物品供给主体的多元化在理论上已经被充分论证，从供给主体来看，农村公共物品可以由政府、农民和第三方来供给，政府又包含中央、省、市、县、乡等多级。目前在学术界针对中国农村公共物品多元化的供给机制构建、政府在多元供给主体中的具体作用等的研究还不够深入和具体。本书针对处于中国农村公共物品供给主体核心地位的政府应该承担的角色、发挥的作用，引导农民、市场、第三方多元主体参与农村公共物品供给的方式，提出构建“政府主导、多元协同”的中国农村公共物品供给体系，进行分类供给与分层供给的机制和模式设计与研究。

第六，研究发现，无论国外学者还是国内学者，在公共物品、农村公共物品和农村公共物品供给的收入效应方面的研究成果较多。国内外学者均认为，提高农村公共物品的供给效率可以促进农村经济社会发展，以及提高农民收入。对于促进农民收入的提高，国内很多学者都从城镇化进程的角度去研究，从农村公共物品供给角度去研究的十分少见。因此，本书从对中国农村公共物品供给和农民收入的关系角度对中国农村公共物品供给的收入效应进行实证研究，并通过计量的方法分析农村公共物品供给对中国农民收入增长的贡献程度。

中国农村公共物品供给水平与保障和改善民生密切相关，各级政府应努力提高和增加农村社会事业和民生的投入，促进农村公共物品供给的政策改革与创新，到2020年总体实现城乡基本公共服务均等化目标。但是，目前中国农村公共物品供给现状与促进城乡一体化发展目标仍不相协调。由此可见，在全面建设小康目标背景下，真正将中国农村公共物品供给的思路与对策系统化、严谨化，并能够运用于实际操作中已经成为一个迫切需要解决的重大课题。

第三章　中国农村公共物品供给改革的理论基础

第一节　公共物品供给理论

一、公共物品的概念

“公共物品”（public goods）是与“私人物品”（private goods）相对称的概念。早在20世纪中叶，社会科学界针对国家政府部门职能等进行关于“公共”问题的研究并将其引入经济学。20世纪末，受欧洲发达国家公共物品概念的影响，公共物品问题成为当时国内社会科学界较为关注的热门话题，“公共物品”一词也随之出现在诸多的学术研究中。公共物品的中文翻译有很多种，其中较为常见的有公用品、公共物品、公有物品等。其中，“公共物品”一词是最受认可的翻译。这个词的含义是：对于处在某特定的社会经济环境中为了解决公共所需而提供的物品和服务的总称。公共物品可以区分为广义和狭义。通过政府机关职能视角来界定的公共物品则是广义的，如宏观调控、管制、财政、外交等；而直接为所有公民提供义务教育、公共卫生等公共服务则是狭义的。

本书研究的是狭义的公共物品，并把重点研究方向定位在基础设施、义务教育、医疗卫生等公共服务领域。

二、公共物品供给模型

（一）蒂博特模型

蒂博特模型是公共经济学家蒂博特提出的居民“用脚投票”来选择地方政府以实现地方公共物品完全竞争的理论。蒂博特于1956年发表的《地方支出的纯理论》一文对地方公共物品进行了深入研究，认为人们在主观意愿支配下，如果有足够多的社区可供居民任意选择，并且存在地理差异，很可能会通过迁徙重新选择居住地点来表示其对公共物品的偏好。

蒂博特模型的理论内容主要有两个：一是边际成本为零，推动了各地方政府在地方公共物品供应上的相互竞争；二是以自由迁徙为前提的“用脚投票”。每个居民从个人效用最大化出发，不断迁移，只有当其个人迁移的边际成本与边际收益相一致时，才会停止寻找最佳地方政府的努力而定居下来。公共物品的非竞争性包括两个方面，即边际生产成本为零和边际拥挤成本为零。地方政府通常会向一个新来者提供已有水平的公共物品，如地方的广播节目、地方所有道路、地方图书馆和博物馆，其边际成本为零。因此，当存在一定数量的地方政府时，为了使自己对外界更有吸引力，每个地方政府都具有确保公共物品有效供给的内在动机，从而形成地方政府之间在供应公共物品上的相互竞争状态。

蒂博特认为，在地方政府之间提供公共物品的竞争和以自由迁徙为前提的“用脚投票”的相互作用下，地方公共物品的供应可以达到帕累托效率，实现帕累托改进和资源的有效配置。其理论核心建立在与私人物品的相似性上。蒂博特写道：“正如我们可将（地方公共物品）消费者看作是走到一个私人市场上购买物品一样……我们将他置于走向一个社区的位置上，社区服务价格（税收）是在这种社区确定的。这两种途径都将消费者带到市场上。消费者不可能回避显示其在一个空间经济中的偏好。”例如，对公园有较低需求的人们会选择对公园的预算较低的辖区居住，相应地也支付较低的税收。人们表达对现在居住的地方政府不满意的方式就是迁移到其他辖区去。这样，人们通过这种“用脚投票”的方式，显示了自己对地方公共物品的偏好，为地方政府提供了一种类似私人物品市场价格的信号；而地方政府则会像市场上提供私人产品的厂商一样对该信号做出反应，力图以最低的税收成本向具有相同偏好的居民提供一揽子满足他们需求的公共物品及服务，否则居民将从该地区退出。这样，通过居民和地方政府的共同活动，实现了地方公共物品的有效供给。

如前所述，多数票决策规则下结果无效率的一个重要原因是居民的偏好是不同的，如果住在一个辖区的居民对公共物品有相同的偏好，他们就会对公共预算规模达成一致。假定一个地区起初有三个相同的城市，每个城市有三个市民——S 型、M 型、B 型。对于公共物品 A，三个 S 型市民偏好的提供

水平为 A_S，三个 M 型市民偏好的提供水平为 A_M，三个 B 型市民的偏好水平为 A_B，且 $A_S < A_M < A_B$，也就是说，在每个城市，起初市民对于公共物品的偏好都是异质的。在多数票决策制下，每个城市都将选择 A 水平的公共物品，这并不一定是最优的地方公共物品规模。根据蒂博特模型，三个市民会在城市中进行流动，具有相同偏好的市民住在一起，因此将组成三个城市，第一个城市由三个 S 型市民组成，第二个城市由三个 M 型市民组成，第三个城市由三个 B 型市民组成。在 S 型市民组成的城市，公共物品 A 的供给规模为 A_S 时，每个市民的边际收益等于边际成本。由于三个市民的偏好相同，在三个市民共同分担公共物品成本时，在 A_S 水平，公共物品 A 的社会边际收益也等于社会边际成本。因此，A_S 对每个市民都是最优的公共物品规模，他们在选举中自动达成一致意见，这也是这个城市的最优公共物品规模。在另两个城市可作相似的推断。可见，蒂博特模型的一个重要政策含义是人们在不同地方政府辖区之间的流动会阻止运用多数票规则进行决策带来的无效率。

蒂博特模型描述了一种推动地方公共物品有效提供的理想机制，作为相关研究的理论参照非常有价值，但其理论假定与现实情况的差距是应用这一模型时必须考虑到的。

（二）布坎南模型

著名公共选择理论专家布坎南在《俱乐部的经济理论》一文中创立了俱乐部物品模型，第一次研究了自愿俱乐部的效率性质。在他的模型中包含着这样的假设：一家俱乐部排除非会员不需要成本；俱乐部里的会员不致受到其他会员的歧视；会员分摊相同的成本和收益。其分析是通过考察俱乐部会员代表（用 I 表示）的行为来进行的。假设个人效用函数为：$\max U_i(Y_i, X, S)$。其中，Y_i 是第 i 个人对私人产品的消费，X 是公共物品，S 是群体规模。这便产生了以下分析性问题：一是决定应当供应的公共物品的产量；二是决定俱乐部成员数的最佳规模。

首先是公共物品的最优供给量的确定。公共物品 X 最优供给的条件称为“萨缪尔森条件”，它说明在最优点上，生产最后单位的 X 所消耗的以 Y 计算的边际成本刚好等于所有使用者同时消费时所获得的以 Y 计算的边际利益。

其次是俱乐部最优成员数的确定。假如俱乐部的产品规模及成本一定，对于某一个成员 P 而言，随着成员数的增加，给他带来的边际成本将为负值，因为成员数增加减少了分摊成本。另一方面，随着成员数的递增，带给某一个成员的边际效用最初为正值或为零，然后逐渐为负值。所以，每一个成员为了获得最大收益，必须保证总成员数带给自己的边际收益与边际成本相等。由于每一个成员都是同质的，某一个成员得到最大效用意味着所有成员都得到最大效用，所以能满足上述条件的成员数就是俱乐部在产出既定情况下的最佳人数。

布坎南对地方政府最佳规模的研究是从一个游泳俱乐部开始的。他假定游泳池的总成本（F）是固定的，而且游泳俱乐部成员的偏好和收入也是一样的。要解决的只是游泳俱乐部人员（N）多少的问题。俱乐部模型描述了原有成员看到的新增加一个成员所形成的边际效益和边际成本（见图 3－1）。俱乐部的第二个成员给第一个成员带来的边际收益是他所负担的游泳池成本 F 的一半。第三个成员给前两个成员带来的边际收益节约了成本的三分之一。新成员的增加使原有成员不断从分摊固定成本中获益，每个人为维持游泳池所花费的成本随着俱乐部成员增加而不断下降。因成员增加而带来的边际收益用 MR 来表示。在成本下降的同时，不能不注意到因成员增加而带来的拥挤程度上升，这就是俱乐部成员增加带来的边际成本。在起初阶段拥挤成本可能很低或者是负值，然而随着人数的增加，拥挤成本不断上升，使游泳池秩序混乱，成员们无法尽兴而游，最终使游泳池不堪重负而造成俱乐部解体。游泳池的拥挤成本用 MC 曲线表示。图 3－1 中 MR 和 MC 相交于一点，这是一个均衡点，此时，游泳俱乐部的边际收益和边际成本正好处于均衡，即因人员增加带来的分摊成本下降的收益与因人员增加带来拥挤程度上升的成本正好相互抵消，收益正好等于成本。布坎南指出，按照一般均衡原则，此时游泳俱乐部的人数（N_0）是最佳规模。

布坎南的俱乐部理论解释了非纯公共物品的配置，如果提供可排他性公共物品的技术和偏好聚类，使得在一个给定规模的社会中形成了很多最优构成的俱乐部，那么通过个人自愿结社而形成的俱乐部是这些可排他性公共物品的一种最优配置。但是还应考虑同时存在许多俱乐部的动态状况或多产品的俱乐部。假设一个地区的人口规模是 N，一个典型的俱乐部有 n 个成员，因此有 N/n 个俱乐部。如果 N/n 是整数，那么所有的人口都可以加入俱乐部。但如果 N/n 不是整数，那么就有一些人不属于任何俱乐部，他们可能成立自己的俱乐部。因为俱乐部的外围人员总会积极鼓动原俱乐部成员退出来加入新的俱乐部，以保证新俱乐部规模适度，这种过程会不断循环下去，所以这

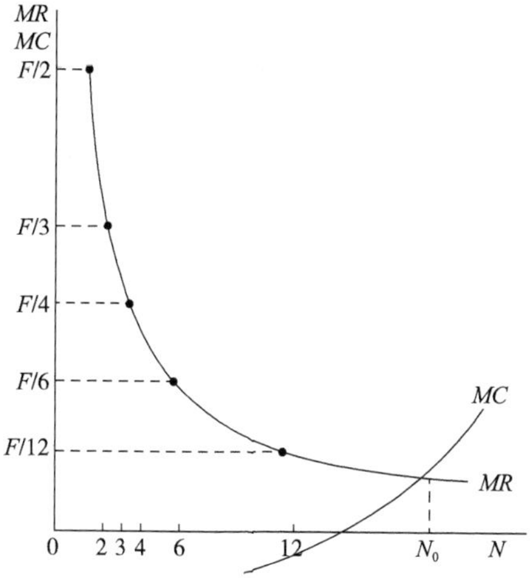

图3-1　俱乐部模型

种均衡是不稳定的。在俱乐部理论中，这被称为整数问题。现实中，单一产品的俱乐部是极少的，而多产品的俱乐部很多，如一个运动俱乐部，可以提供网球、游泳和其他项目，而不会只提供其中一种。从单纯经济效率来讲，直觉上看确实由偏好相同的成员组成的俱乐部更有效率。例如，向所有成员收取相同的会费。一旦利用水平差异不容易被确定，将会费设计为利用水平的函数就要复杂得多。此时，混合型俱乐部可以实现效率，但单一型的俱乐部却不能。比如，当个人差异不是体现在利用程度上，而是体现在何时使用时，为了实现效率，采取非高峰定价和高峰定价是必要的。而且只有混合型俱乐部才能更有效地在全部时间里利用集体物品。

（三）奥尔森模型

公共选择理论的先驱曼瑟尔·奥尔森教授在其代表作《集体行动的逻辑》中认为，一个群体产生共同利益时，就会为这个共同利益而进行集体行动。集体行动的成果具有公共性，所有集体的成员都能从中受益，包括那些没有分担集体行动成本的成员。例如，由于罢工的胜利，工人获得加薪，这对所有工人都有好处。但那些参加罢工的工人却承担了所有风险和成本。这种不合理的成本收益结构导致“搭便车”的行为。滥竽充数的南郭先生就是“搭便车”者的“鼻祖”。南郭先生不会吹竽，却混进了宫廷乐队。虽然他实际上没有参加乐队合奏这个集体行动，但他表演时毫不费力的装模作样仍然使他得以分享国王奖赏这个集体行动的成果。

奥尔森因此得出一个极具争议的结论：由于“搭便车”行为的存在，理性、自利的个人一般不会为争取集体利益做贡献。集体行动的实现其实非常不容易。当集体人数较少时，集体行动比较容易产生；但随着集体人数的增加，产生集体行动就越来越困难。因为在人数众多的大集体内，通过协商解决如何分担集体行动成本的问题十分不易；而且人数越多，人均收益就相应减少，“搭便车”的动机便越强烈，“搭便车”行为也越难以被发现。

“集体行动逻辑”模型令人信服地证明了集体行动成功与否，最重要的不是组织本身成员的数目，而是组织成员中的个人从中受益超过损失的大小。这一理论为后来的公共物品供给效率的研究奠定了较好的基础。

（四）哈丁模型

美国学者加勒特·哈丁1968年在《科学》杂志上发表的《公地的悲剧》提出了“公地悲剧”和集体的“囚徒困境”模型，得出了公共物品供给失效的结论。在他的模型中设置了这样一个场景：一群牧民在同一块公共草场放牧。当牧民们知道草场上羊的数量已经太多，再增加羊的数目将使草场的质量下降时，从自己私利出发，仍然会选择多养羊获取收益，因为草场退化的代价由大家负担。当每一位牧民都如此思考时，草场持续退化，直至无法养羊，最终导致所有牧民破产。

从自身利益视角而言，理性的牧民如果毫无节制地使用公共牧场，那么每一位牧民都会从中获取自己最大的利益。然而牧民过度放牧时，给所有人带来的却是因为牧场退化而消耗的成本，牧民自己承担的只是放牧所造成的损失中的一部分。因此，众多的理性个人都会从其边际收益与边际成本的比较中决定对自己来说最优的放牧数量，而不是从整体最优的社会边际收益与社会边际成本的角度来决策，进而使放牧量超过牧场所能承受的负担量，使公共牧场退化，造成对每个牧民都不利的悲剧，其实质是集体的“囚徒困境”。

现实中很多问题都与公共物品易被损坏和权责不够分明相联系。产业发展中的过度进入也可以从“公地悲剧”的角度来解释。草地的产权是公有的，其使用是零成本的，而且排斥他人使用的成本很高，这就导致牧民的过度放牧。厂商对消费者需求的需求类似于牧民对草地的需求。消费者需求也没有排他性的所有权，厂商对消费者需求的零成本使用必然会产生产业发展中的过度进入。另外，产业在进入者进入之前是无人所有的，谁先进入，谁先占有，市场份额对厂商而言是一种稀缺资源，这种市场份额也具有公共物品的性质。这样就会出现各厂商为了争夺市场份额纷纷抢先进入市场的现象。

既然消费者需求和市场份额都具有公共物品的性质，即它们不具有排他性的所有权，那么就需要政府对这两种公共物品的产权进行重新界定，如采取市场进入的许可证制度等。同时，政府在重新界定公共物品产权时，也可能会出现寻租行为，甚至可能出现少数大厂商的垄断行为，这样势必降低资源的使用效率和消费者的福利水平。因此，过度进入问题的解决不能完全依靠政府对产权的界定，而主要应在市场化进程中使市场机制充分而有效地发挥调节作用。只有政府规制和市场机制有机结合，才能更好地解决产业发展中的过度进入问题。

（五）奥斯特罗姆模型

奥斯特罗姆的思想是在其代表作《公共事物的治理之道》中系统地表述的，其基本思路包括三个方面。首先，她指出传统的分析公共事物的理论模型主要有三个，即哈丁的公地悲剧（1968）、达维斯（Dawes）等人的囚徒困境（1973，1975）以及奥尔森的集体行动逻辑（1965），但是他们提出的解决方案不是市场的就是政府的，而且得出的结论往往是悲观的；其次，她指出无论是以政府途径（利维坦）为唯一途径还是以市场途径为唯一途径来解决公共事物问题都是有问题的，她怀疑仅仅在这样两种途径中寻找解决方法的思路的合理性；最后，她从理论与案例的结合上提出了通过自治组织管理公共物品的新途径，但同时她也不认为这是唯一的途径，因为不同的事物都可以有一种以上的管理机制，关键是管理的效果、效益和公平。她经过细致的资料搜集与调研，令人信服地列举了大量集体行动成功与失败的案例。她通过模型演示，阐述了一群彼此依赖的人是怎样进行自我组织、自我治理，进而使所有人在面对“搭便车”、规避责任或其他机会主义行为诱惑时，采取集体行动以取得集体利益的，这就是著名的“自主治理理论”。但是这种成功的集体行动、自治行为需要满足一定的条件。

后来其丈夫文森特·奥斯特罗姆等人在《大城市地区的政府组织》中提出了“多中心治理理论”。他们认为进行有效的公共服务要建立多元化决策中心，“多中心”意味着不同决策中心在形式上是相互独立的。同时，把公益物品和服务的提供与生产区分开来，就有可能分化、利用和衡量生产，了解公民的消费偏好，从而使公共物品的提供更有效率。

综上所述，五种著名的公共物品供给模型理论从经济学视角对政府供给公共物品的最优供给效率进行了分析与论证。其中，蒂博特模型表明公共物品具有需求偏好的特征，被供给者采取“用脚投票”方式来表达对公共物品的偏好，从而促进各级政府的竞争；布坎南模型提出地方政体采取的是俱乐部形式，探讨了政府供给公共物品的最佳规模；奥尔森模型和哈丁模型通过“公地悲剧”和集体的“囚徒困境”阐释了公共物品的供给效率问题；奥斯特罗姆模型强调公共物品供给采用政府主导的多中心自治供给模式，将供给与生产分离，避免和减少“搭便车”行为。上述五种供给模型围绕政府这一核心从各自研究层面分析与论证了公共物品供给的有效性，对本书研究中国农村公共物品供给改革具有重要借鉴意义。

第二节　农村公共物品供给理论

一、农村公共物品概念界定

多数学者都从萨缪尔森对公共物品非竞争性与非排他性的经典解释出发来定义农村公共物品，认为农村公共物品区别于城市公共物品，是农村和农民的生产与生活共同需要的，具有一定“典型特征”的产品或服务的总称。

本书认为，根据农村的特点，满足农村公共需要的物品为农村公共物品。本书将公共物品界定为狭义的公共物品，将研究“农村公共物品”的重点放在关系农村民生问题的农村基础设施、义务教育、医疗卫生、社会保障等公共服务领域。

二、农村公共物品的特点

农村公共物品的特点如下：

第一，农村公共物品具有地域性特征。大多数农村公共物品的供给主要是为某一特定区域内的农民提供公共服务的，因此，供给的范围具有地域性，如基础设施、公路等。

第二，农村公共物品具有公共性特征。这主要体现在对农村社会提供的公共物品，如教育、医疗卫生等，具有较强的公共性，必须以政府为主进行供给。

第三，农村公共物品具有层次性特征。农民收入水平、教育程度，以及所在地域的差异，使他们对农村公共物品的需求有所不同，因此农村公共物品具有层次性的特征。

第四，农村公共物品具有社会服务性特征。农村公共物品体现了政府和农村基层自治组织管理的基本属性。政府制度设计的有效性是农村地区公共物品供给的有效保障。

第五，农村公共物品具有低效性特征。农村的公共物品供给投资重复率高、使用率低，但即便不如城市的投入回报率高，政府以及其他相关主体也必须负责提供。

三、制约农村公共物品有效供给的二元经济结构理论

二元经济结构理论是由英国经济学家刘易斯（Lewis）于1954年首先提出的。其《劳动无限供给条件下的经济发展》一文阐述了“两个部门结构发展模型”的概念，揭示了发展中国家并存着传统的自给自足的农业经济体系和城市现代工业体系两种不同的经济体系，这两种体系构成了“二元经济结构”。

由于传统农业部门人口过剩，而耕地数量是有限的，加之生产技术简单且很难有突破性进展，生产的产量在达到一定的数量之后，基本是无法再增加的，所以每增加一个人所增加的产量几乎为零，即农业生产中的边际生产率趋于零，有时甚至出现负增长，那部分过剩的劳动力被称为“零值劳动人口”。正是大量的“零值劳动人口”的存在，导致发展中国家经济发展长期处于低水平，造成城乡差距。在城市现代工业体系中，各工业部门具有可再生性的生产资料，生产规模的扩大和生产速度的提高可以超过人口的增长，即工业部门的劳动边际生产率高于农业部门的生产边际生产率，工资水平也略高于农业生产部门，所以工业部门可以从农业部门吸收农业剩余劳动力。由于工业部门所支付的劳动力价格只要比农业部门的收入略高，农业剩余劳动力就会选择到工业部门去工作，所以农村劳动力是廉价的，这样工业部门可以支付较少的劳动报酬，而把多余资本投入到扩大再生产中，这样一来又可以吸收更多的农民到工业部门，形成一个良性运行过程，促使农业剩余劳动力进行非农转移，使二元经济结构逐步消减。这是发展中国家摆脱贫困并走上富裕道路的唯一办法。

在刘易斯之后，费景汉、拉尼斯于1964年修正了刘易斯模型中的假设，在考虑工业和农业两个部门平衡增长的基础上，完善了农业剩余劳动力转移的二元经济发展思想。他们首先将剩余农民分为两个部分：一部分是不增加农业总产出的人，即边际产出为零的那一部分人；另一部分是不增加农业总剩余的人，即虽然边际产出不为零，但并不能满足自己消费需求的那一部分人。他们认为，工农数量的转换必须经过三个阶段：第一阶段是边际劳动生产率为零的农民向工业部门转移。这部分农民的转移，不会对农业总产出水平发生影响，所以，只要工业部门的发展有增加劳动力的需求，就会吸引这部分农民向工业部门转移。付给这部分农民的工资只要相当于他们在农业部门所得到的报酬，就可以促进工业积累和工业部门的进一步扩张。随着农民数量的减少，其他农民的人均所得也会增加。当前一部分人转移到工业部门之后，后一部分人由于工业部门的吸引也开始流向工业部门，这时，工农数量的转换就进入第二阶段。由于后一部分农民的边际产出不为零，他们转出农业部门后，不仅农业总产出水平会下降，而且其他未流出的农民人均所得也会下降，当农民总产出下降到一定水平时，必然引起农产品（尤其是粮食）相对价格的上涨，从而迫使工业部门提高工资，增加成本。这样就妨碍了工业部门的积累和扩张，进而妨碍了其对剩余农民的吸纳，因此，这一阶段必须依靠提高农业劳动生产率的办法，以补偿那些并不完全“剩余”的农民流出农业部门所造成的损失。否则，工农数量的转换就难以顺利实现，当工农数量的转换度过费景汉和拉尼斯所谓的“粮食短缺点”后，工业部门继续吸纳剩余农民。当农业部门中不再有剩余农民（不增加总产出的和不增加总剩余的）时，工农数量的转换就进入第三阶段，这时，社会劳动力在工农两部门间的分配将由竞争性的工资水平决定，不仅农业部门要向工业部门继续提供剩余，而且工业也要反过来支持农业的发展。这就意味着传统农业必然转化为商业化农业。

第三节　农村公共物品供给改革的指导思想与政策依据

近年来政府通过制定政策法规，采取切实有效的方法与手段，不断加强对农业的扶持力度，加大对农村公共物品供给的投入力度，为农村公共物品供给营造了良好的制度环境。从2004年到2018年，连续15年的中央一号文件都以农村发展为主题，成为指导农村公共物品供给改革的核心思想。

一、扩大农村公共物品供给范围，改进农村民生政策

2004年的中央一号文件提出加强农村基础设施建设，建立健全财政支农资金机制，加大对新增农村教育、卫生等事业经费的投入。2005年的中央一号文件规定，新增卫生、文化等事业经费用于县级以下不低于70%，推进新型农村合作医疗试点和农村医疗救助工作，探索建立农村社会保障制度。2006年的中央一号文件要求扩大农村公共物品供给，提高县乡政府农村供给效率，提出"以工促农、以城带乡"制度框架以及城乡统筹的发展政策体系。2007年的中央一号文件要求健全财权与事权匹配的财政管理体制，完善财政转移支付制度，增强基层政府的供给能力。2008年的中央一号文件提出提高农村公共物品供给水平，转变乡镇政府职能，强化公共服务管理，加快农村公共事业发展。

二、强调政府财政职能，促进公共服务公共性回归

2009年的中央一号文件提出2020年农村改革发展的基本目标和任务，推进城乡公共服务均等化，健全农村生活保障、医疗卫生制度，完善农村社会管理体系，提出建立新型农村社会养老保险制度，强调政府对农村公共物品供给的财政职能，促进农村公共服务公共性回归。2010年的中央一号文件提出发展农村远程教育和医疗、完善卫生服务网络、提高社会保障水平等惠农措施。2011年的中央一号文件明确了农村公共物品的改革发展问题，强调推进农田水利重点建设，对加快水利改革发展进行了工作部署。2012年的中央一号文件强调农业科技的重要性，完善农业公共服务管理体制，加快农村信息化建设。

三、推进城乡公共资源均衡配置，加快城乡公共服务均等化步伐

2013年的中央一号文件重视发挥公共服务的作用，明确提出提升乡镇区域性农业技术推广等公共服务能力，推进城乡公共资源均衡配置，加快城乡公共服务均等化的经费保障机制建设，加强公共服务职能。2014年的中央一

号文件对全面深化农村改革进行了全面部署，从农村教育、卫生、养老、最低生活保障等领域全方位推进城乡公共服务均等化工作，明确提高农村公共物品的供给效率，健全农村管理服务体系，统筹推进资源的有效整合和设施的共建共享。党的十八大特别是党的十八届三中全会以后，中国进入全面深化农村改革的新时期。2015 年的中央一号文件提出推进农村产业融合发展，推进农村产权制度改革与土地制度改革试点工作，加强农村法治建设。

四、深化农村供给侧改革，实施乡村振兴战略

2016 年的中央一号文件提出加快补齐农业农村短板，推进农业供给侧结构性改革，推进“互联网 +”现代农业等创新措施。2017 年的中央一号文件提出从供给侧入手创新体制机制、强化创新驱动、补齐农业农村短板、加大农村改革力度等举措。2018 年的中央一号文件以《中共中央国务院关于实施乡村振兴战略的意见》为题，聚焦“乡村振兴”，明确了乡村振兴战略的目标任务：到 2020 年，制度框架和政策体系基本形成；到 2035 年，农业、农村现代化基本实现；到 2050 年，实现乡村全面振兴，农业强、农村美、农民富全面实现。在新的历史阶段，中国农业、农村社会的主要矛盾由总量不足转变为结构性矛盾，突出表现为阶段性供过于求和供给不足并存，矛盾的主要方面在供给侧。因此，深入推进供给侧改革将成为当前和今后一个时期农业、农村工作的主线。

第四章　中国农村公共物品供给的历史演进与现状

第一节　农村公共物品供给体制的历史沿革

一、供给体制的演进历程

为更好地研究中国农村公共物品供给问题，有必要深入了解供给制度的历史演进过程。因此，本节有针对性地选择具有明显时代特征的人民公社时期、家庭联产承包责任制时期以及农村税费改革后的农村公共物品供给制度进行比较分析。

（一）1958—1978 年：人民公社时期

计划经济体制下中国农村遵循“三级所有、队为基础”的集体所有制原则。在农村公共物品供给主体方面，全国性的纯公共物品如国防、外交等，以及部分跨区域的农村公共物品如公路、大型水利设施等，都是由中央政府统一提供的。而其他公共物品的供给全部由人民公社及其下属的生产大队和生产小队承担。在农村公共物品供给需求方面，人民公社对辖区内的经济活动进行统一规划和管理，统一表达农民对公共物品的需求，因而体现的只是政府集体的需求偏好。

在农村公共物品供给决策方面，人民公社采取生产资料所有权、使用权与收益权一体的产权形式，实行集中的管理方式。在计划经济条件下，国家和集体控制了农村全部的物质和人力资源，农民按制定好的统一规划从事生产与经营活动，政府及其职能部门依据经济理性自上而下做出供给决策的组织和安排。

在农村公共物品供给筹资方面，除公社财政的筹资渠道外，还有制度外筹资，即集体组织筹集资金。筹资的形式与公社实行供给制和工分制相结合的分配制度相关。

在农村公共物品生产与管理方面，对人民公社时期的农村公共物品供给而言，集体经济组织既是生产者又是管理者。这个时期的农村公共物品具有“自我生产和管理”的特点。

总体说来，集体组织控制产权的经济结构决定了人民公社时期政府是农村公共物品供给的生产者、管理者和决策者，同时也决定了农村公共物品在人民公社时期的制度内、外双重筹资方式的产生。这种制度在人民公社时期有效地保证了农村基本公共物品的供给，对农业的生产经营与发展起到了一定的基础和保障作用。但是，这个时期强制性的公共物品供给决策是自上而下的，严重脱离实际，导致效率低下、浪费严重。

（二）1978—2001 年：家庭联产承包责任制确立到农村税费改革之前

中国农村在 20 世纪 70 年代末开始逐步确立了家庭联产承包责任制的经济体制，农民拥有独立的生产与经营权以及劳动自主权并成为市场的主体，解决了农村社会发展过程中利益主体间的关系问题。农民开始在农村经济与社会生活中恢复主体地位，成为自主生产经营者。农业生产率的提高促进了农村经济的发展，提升了农民的生活水平和消费水平，农民对公共物品的单一需求开始分化，对公共物品的多样化差异性需求逐渐增加。

在农村公共物品供给需求表达方面，村民委员会应该承担了解农民实际利益需求，协调利益关系，使农民对供给需求一致化、群体化的责任。但是在公共物品实际供给过程中，村民委员会则成为上一级政府的执行机构，服从于乡镇政府自上而下的安排，关闭了农民诉求的有效通道，导致农民很难表达对公共物品的真实意愿。基层政府忽视农民需求表达对农民的各项权益造成了严重侵害。政府从利益和政绩角度的行为表现出明显的功利性。政府官员通过下达指标和任务的方式，使决策制度有利于自身，即更多地考虑公共物品供给为自身带来利益的最大化。在这种情况下，农村公共物品供给多是由社区外部的农村自治组织和基层政府官员政治、经济需要决定的，很难反映乡、村社区内部农民的实际需求。

在农村公共物品供给决策方面，仍以上级的高度行政化为主导。家庭承包制时期社会的管理体制具有高度的行政化特点，制定供给决策不是通过民主的做法，不是采取自下而上的方式，没有体现农民对公共物品供给的价值偏好，供给决策完全是根据政府及官员的意愿通过行政方式做出的。不完备的规制以及公共决策行政化更容易导致在市场化改革进程中利用职权获取私利的问题。基层政府因为经济利益和政绩考核等多种因素，成为垄断权力的主体，追求利益以及职务的升迁和权力的扩大，因此，在供给农村公共物品时更多地考虑能够获得更大权力支配和提升的项目。这往往与农民实际追求的目标有冲突，政府制定供给决策时也通常将农民排斥在外。

在农村公共物品供给筹资方面，乡镇政府取代了人民公社成为筹资主体，职责范围涵盖了农村社会生活的各个方面。随着改革的深入，中国的社会和经济结构发生了变化，经济重心发生了转移，农业经济逐渐丧失优势，乡镇政府税收调节机制弱化，乡级财政不能负担供给需要的全部费用。分税制改革导致各级政府间出现财权与事权不协调的现象。乡镇财政缺口的逐渐扩大、政府支出超额，以及缺乏财政预算约束机制，造成了财政资源的大量浪费，也使农民承受着与实际公共物品需求不符合的负担。中央财政财权上收事权下放导致基层财政供给能力下降。对于公共物品的市场供给，开始采用收费方式补偿支出。乡村医院、自来水供应根据市场需求，以营利为目的进行收费，这种方式能够减轻政府的财政负担，扩大消费者的选择范围。经营者以营利为目标、自担风险，拥有充分的自主权，能够提高供给投资效率。而公共物品自愿供给方式则是以自愿为基础的个人或者单位，以社会捐赠等形式无偿或部分无偿地筹集资金，直接或间接地用于教育等公益用途，并接受公众监督的供给方式。

因此，改革开放以后，虽然家庭联产承包责任制改革改变了人民公社时期农村公共物品方面的制度优势，但是由于相应制度没有继续跟进，反而使农村公共物品供给问题严重化。

（三）2001 年至今：农村税费改革以后

相对于前两个时期，农村税费改革以后的市场化改革使公共物品供给主体不再单一化，随着私人和第三方参与供给，农民拥有了表达需求意愿的权利。另外，农民被政府强制提供公共物品和收费的局面逐渐转变为自愿与合作性质，农民拥有了选择公共物品供给的自由。

在农村公共物品供给需求方面，“一事一议”制度使农民对农村公共物品供给可以行使一定的决策权，农民需求偏好能够更好地表达，同时也为多元化供给提供了有效途径。但是，供给的需求表达机制在这个时期内并没有建立起来，在农村公共物品的供给过程中，政府在供给时重点选择资金密集、影响力大的项目，供给通常以政府为主、农民为次，供给决策中农民缺乏表达真实需求的机会，农民直接参与供给决策的项目更少。此外，农民对公共物品需求偏好存在严重的短视性，更多关注眼前利益，愿意付费购买直接有利于生产的公共物品，如水利设施等；对于具有不确定性的公共物品，如教育、卫生等的供给，积极性不高。由于农民个体的性别、年龄等不同，对公共物品的需求呈现多样性。家庭联产承包责任制下农民组织化程度较低，缺乏需求的表达途径，由于在许多方面农民都居于弱势地位，因而其需求表达也不易被关注。对农民需求偏好的忽视造成供给效率低下，阻碍了农村社会经济的发展。

在农村公共物品供给决策方面，农村税费改革后，“自上而下”的供给决策机制开始有了一定程度的制度创新，“一事一议”的筹资决策机制体现了“自下而上”的特点。尽管决策机制没有出现实质性的改变，但“一事一议”制度可以使农民参与到公共物品的供给决策过程中，农民可以根据资源状况和承受能力以及从事的生产活动对供给与需求进行自主抉择。这就实现了供给与需求在体制内的一致性，使农村公共物品的供给与需求相协调。多元化农村公共物品供给主体的发展趋势以及“一事一议”制度的不断完善，为农民以适当方式参与决策并进行村内公共物品的建设提供了便利条件。

在农村公共物品供给筹资方面，农村税费改革对筹资机制产生了很大的影响，制度内和制度外并行的方式逐步取消，农村公共物品制度外筹资方式开始转变成制度内筹资方式。在农村税费改革过程中，涉及农村公共物品供给问题的相关中央文件都体现了农民承担的农村公共物品供给成本转而由各级政府财政负责的情况，减轻了农民的负担，改变了制度外供给的状况。税费改革虽然对农村公共物品供给制度进行了有效的修复与改进，但因配套的改革措施没有相应出台而又导致一系列问题的出现。例如，农村公益事业财政缺口较大，公共物品建设需要财政的支持以及适合市场经济的融资机制，而基层政府由于存在财政缺口而采用多种手段筹资，造成资金管理效率较低。财政支持和市场融资模式都缺少制度保障，税费改革堵住了制度外的筹资渠道，由于缺少配套措施，通过转移支付的财政支持无法弥补农村税费改革造成的缺口，因此，不仅无法降低供给压力，反而使供需矛盾更加突出。

税费改革后，农村公共物品供给转为制度内供给，纳入国家公共收支范围，构建了政府主导、以财政为主体的多元化农村公共物品供给新模式。在农村公共物品供给中，采取“一事一议”制度，农民在生产和管理中能够发挥自主性。监督管理和合法权益维护更加有利于农村公共物品供给的良性发展。为解决农村公共物品供给不足问题，中央政府制定了有针对性的政策，提出了供给主体的多元化以及具体的激励措施，加快了非政府供给发展的速度，农民需求和农村公共物品供给维持相对平稳。但农村公共物品供给的非政府供给主体激励措施实施效果较差，农村公共政策的缺失以及农民素质的有限性使供给主体更加依赖上级政府，严重影响了供给的效率。

二、经验与启示

本节将供给的历史划分为人民公社时期、家庭联产承包责任制时期、税费改革后三个阶段，并从供给主体、供给需求、供给决策等方面纵向比较了中国各个时期农村公共物品供给的特征。人民公社时期以建设农村大型基础设施为主，满足了农民最基本的需要。家庭联产承包责任制到税费改革前，供给主体多样化，农村公共物品基本能符合农民需求偏好，农民的生产积极性不断增加，农村经济得到较快发展，农民收入得到极大提高。但政府过度依赖其他主体供给，也加重了农民的负担。税费改革后，逐渐形成了政府主导的多元化的供给方式，提高了供给效率，创新了供给模式，有效地满足了农民需求。

中国农村公共物品供给制度的变化与发展体现了国家治理的转型与发展，体制的变革决定了农村公共物品供给制度的改革与创新。改革与创新的内在逻辑是重视农民实际的需求和意愿，实现供给主体的多元化。筹资制度体现了向现代化国家的演进，决策制度由集权向民主转变，生产管理制度由自我生产与管理向公共生产与管理的趋势发展。

第二节　农村公共物品供给投入的总体情况

一、农村公共物品供给投入资金规模分析

财政支农资金是中国农村公共物品供给资金的主要来源，资金规模直接影响农村公共物品供给的投入。如图 4 - 1 所示，1978—2015 年，随着社会经

济的不断发展，财政总支出与财政支农支出均呈现上升趋势。1978 年财政支农支出为 150.66 亿元。1982 年之前，由于改革开放初期各产业都需政府支持，财政支农支出呈下降趋势。1985 年恢复到 1978 年的水平。1986 年后，财政支农支出开始稳步增长。1998 年突破 1 000 亿元。2012 年财政支农支出突破 10 000 亿元，到 2015 年达到 17 380.49 亿元，相比 1978 年增长了 114 倍多，说明国家对农业的重视和支持在不断加强。

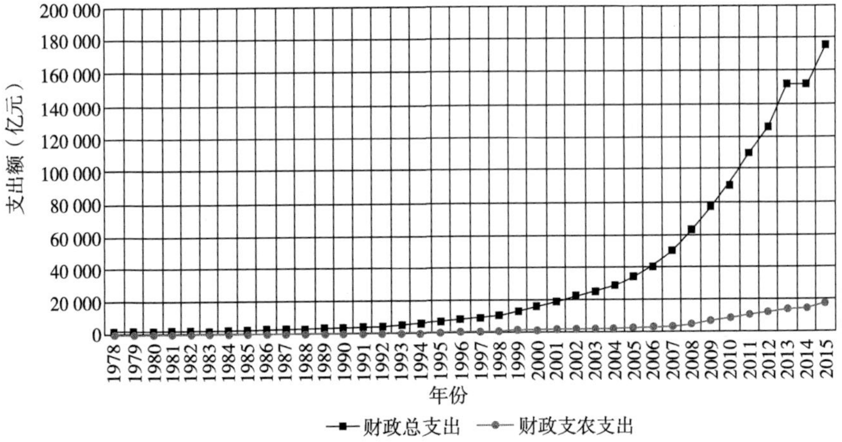

图 4-1　1978—2015 年中国财政总支出与财政支农支出

中国财政支农支出有显著特征的时期大体上可分为四个阶段：

第一阶段：1982—1989 年。这一阶段，农村实行家庭联产承包责任制，国家调整了农业财政政策，对农资生产企业给予补贴，投入大量资金用于乡镇企业发展，增加对农业基础设施的财政投入，财政支农资金增加较快。

第二阶段：1994—1998 年。1994 年实行分税制改革，政府实行积极的财政政策，增加对农业的资金投入规模。财政支农支出在 1998 年达到 50.68% 的最高增速，主要是由于遭遇洪水后政府增加了抗洪投入及对农业的支持。1999 年，财政支农支出增速迅速下降，是困境过后正常的回落。

第三阶段：2004—2009 年。2004 年开始中央一号文件持续关注农民、农业和农村，农业的发展有了政策支持，诸多“三农”问题有了政策引导。2004 年后财政支农支出增长率稳定在 20% 以上，2009 年达到了 47.90%（如图 4-2 所示）。

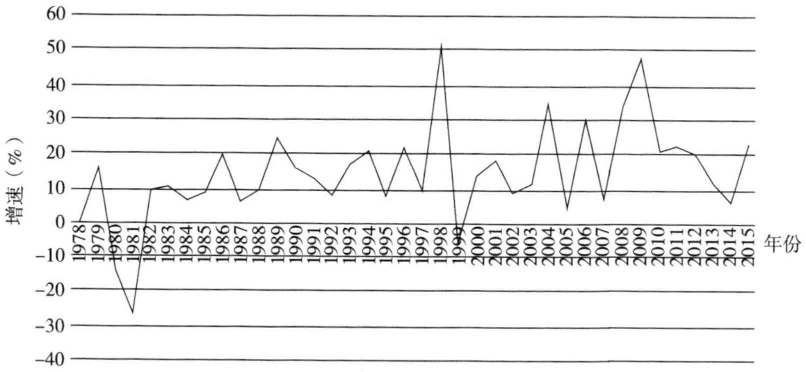

图 4－2　1978—2015 年中国财政支农支出增速趋势

第四阶段：2010—2015 年。这一阶段国家对农业的投入资金虽然不断增加，但稳定性很差，出现较大波动。2010—2012 年财政支农支出的增速均稳定在 20% 以上，但 2014 年的增速大幅跃至 10% 以下，波动明显。尽管如此，国家仍高度重视农业和农村发展，并把解决好“三农”问题列为政府工作的重中之重。

财政支农支出与农林牧渔业总产值的比值体现了支农支出对农业生产和农业产值的影响。如图 4－3 所示，中国财政支农支出占农林牧渔业总产值的比重呈现“U”形走势。1978—1987 年，中国财政支农支出占农林牧渔业总产值的比重呈下降趋势，并在随后近十年间维持在“U”形底部区间，在 2% 到 5% 之间波动；自 1997 年起，该比重逐步攀升，到 2015 年已经达到了 16% 以上。由此可见，中国财政支出对农业发展的支持力度，有一个先降后升的历程，反映了国家对待农业生产和农村发展的政策取向在不断变化，对农业的重视程度在不断加深。

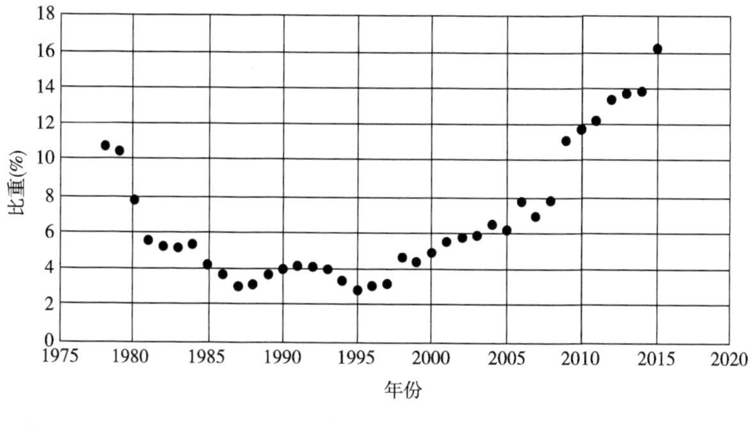

图 4－3　1978—2015 年中国财政支农支出占农林牧渔业总产值的比重

财政对农业的资金投入改善了农村的生产条件，提高了农业总产值（如表4－1所示），推动了农业现代化进程。

表4－1　1978—2015年财政支农支出和农林牧渔业总产值　（单位：亿元）

年份	财政支农支出	农林牧渔业总产值
1978	150.66	1 397.00
1979	174.33	1 659.80
1980	149.95	1 922.60
1981	110.21	1 960.70
1982	120.49	2 295.60
1983	132.87	2 541.50
1984	141.29	2 628.07
1985	153.62	3 619.50
1986	184.20	4 984.94
1987	195.72	6 350.38
1988	214.07	6 760.56
1989	265.94	7 197.23
1990	307.84	7 662.10
1991	347.57	8 157.00
1992	376.02	9 084.70
1993	440.45	10 995.50
1994	532.98	15 750.50
1995	574.93	20 340.90
1996	700.43	22 353.70
1997	766.39	23 788.40
1998	1 154.76	24 541.86
1999	1 085.76	24 519.06
2000	1 231.54	24 915.80
2001	1 456.73	26 179.60
2002	1 580.76	27 390.75
2003	1 754.45	29 691.80
2004	2 357.89	36 238.99

续表

年份	财政支农支出	农林牧渔业总产值
2005	2 450. 31	39 450. 89
2006	3 172. 97	40 810. 83
2007	3 404. 70	48 892. 96
2008	4 544. 01	58 002. 15
2009	6 720. 41	60 361. 01
2010	8 129. 58	69 319. 76
2011	9 937. 55	81 303. 92
2012	11 973. 88	89 453. 05
2013	13 349. 55	96 995. 27
2014	14 173. 83	102 226. 10
2015	17 380. 49	107 056. 40

资料来源：作者根据《中国农村统计年鉴》《中国财政统计年鉴》整理及计算所得。

二、农村公共物品供给投入资金结构分析

（一）供给投入资金结构的总量分析

对支农资金结构的分析能够发现国家对农业的支持重点。由于统计口径的改变，此处主要分析 1978—2006 年分类项目的占比情况。

中国财政支农资金总体来说是逐年增加的，分类科目数额是不断变动的。如图 4－4 所示，1978—2006 年财政支农支出呈增长趋势，分类项目数额逐年上升。支援农村生产支出和各项农业事业费由 1978 年的 76. 95 亿元，增加到 2006 年的 2 161. 35 亿元，增长了 27 倍多；农业基本建设支出由 1978 年的 51. 14 亿元，增加到 2006 年的 504. 28 亿元，增长了近 9 倍；农业科技三项费用在 1978—2006 年总量较少，但也呈现上涨态势；农业救济费由 1978 年的 6. 88 亿元，增加到 2006 年的 182. 04 亿元，增长了 25 倍多，体现了国家对农民的帮扶力度不断加大；其他项在 1978—1983 年呈现下降趋势，由 14. 63 亿元下降到 0. 77 亿元，该类科目 1984 年后不再统计。2007—2015 年，只设置“农林水事务”科目，该费用从 2007 年的 3 404. 7 亿元增加到 2015 年的 17 380. 49亿元，增长了 4 倍多。

综上所述，在 2006 年之前，财政对农业的资金投入主要部分是农村生产

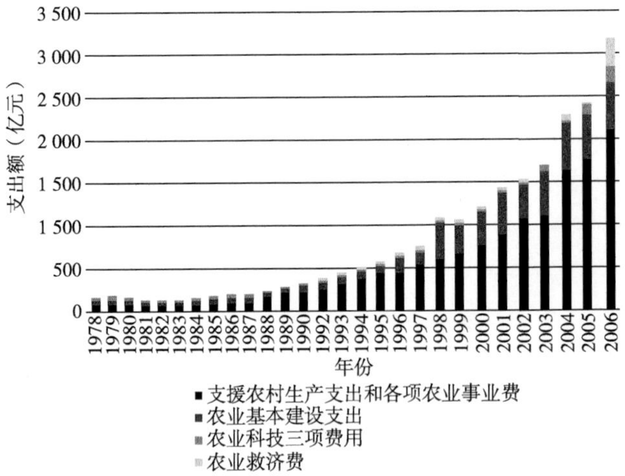

图 4－4　1978—2006 年中国财政支农各分类项目支出额

支出，其次是农业基本建设支出以及农业救济费，最后是农业科技三项费用；2006 年之后，虽然在统计上将各项费用合并为农林水事务费用，但是从绝对数值上看，增长量十分可观。国家在财政支农方面的资金支持力度只增不减，充分反映了近十年来国家对农村、农业问题的高度重视。

（二）供给投入资金结构的比重分析

财政支农支出 2007 年以后归为农林水事务项目，所以此处只分析 1978—2006 年的支农资金结构比重。如图 4－5 所示，1978—2006 年中国财政支农各分类科目中，支援农村生产支出和各项农业事业费位于第一，农业基本建设支出位于第二，农业救济费位于第三，农业科技三项费用位于第四。具体而言，支援农村生产支出和各项农业事业费占比大部分年份在 60% 以上，只在 1978 年、1979 年、1980 年和 1999 年低于 60% 的比例，但也高于 50%，反映了国家对农村各项事业发展的高度重视。从农业基本建设支出占比来看，波动比较明显，1978—1981 年上升，1982—1997 年占比在 20% 左右，呈波动性增长，1998 年暴发特大洪水，国家将农业大部分资金投向基础设施建设，导致农业基本建设支出占比迅速上升，1999 年达到近 40%，此后逐年下降。农业救济费和农业科技三项费用占比一直较低，农业救济费占支农支出的比重基本在 5% 左右，农业科技三项费用占比大部分年份都在 1% 以下，可以看出财政支农资金对农业科技的支持力度很小。

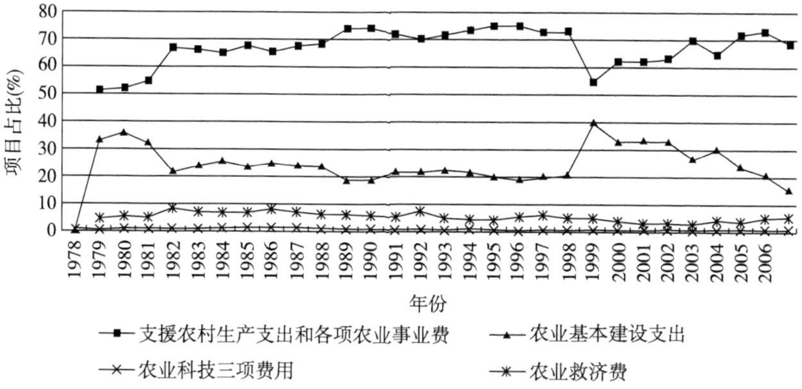

图 4－5　1978—2006 年中国财政支农支出各分类项目占比

第三节　中国农村公共物品供给取得的成效

一、农村基础设施

基础设施为农业生产、农民生活提供公共服务，是农村社会发展和农民生活改善的重要基础，是农民生活富裕的条件之一。基础设施包括农村道路、饮用水设施、农村电网设施等。

农村公路包括县道、乡道和村道。1949 年以前农村公路里程仅有 13 万公里，能通车的有 8. 07 万公里。1978 年公路里程达到 58. 6 万公里。1984 年开始大力修建农村公路，1990 年农村公路里程达到 71. 1 万公里，1998 年达到 92 万公里。“十五”末期，农村公路里程达到 146 万公里，占中国公路总里程的 76%；三级以上公路约占 21. 6%；乡、建制村通达率分别达到 99. 8% 和 94. 3%。“十一五”期间，新增农村公路 52. 7 万公里，新改建农村公路 186. 8 万公里。截至 2010 年年底，乡镇、建制村通车率分别为 98%、88%。“十二五”期间，通车总里程约为 395 万公里，基本实现东中部地区建制村通硬化路，西部地区硬化路占比约为 80%，全国乡镇、建制村通客运班车率超过 99% 和 93. 2%。中央投资 3 265 亿元，社会总投资约 1. 3 万亿元，增长约 40%。农村公路抽检合格率达 96. 2%。截至 2014 年年底，全国农村公路列养率达到 97.3%。

截至 2014 年年末，农村改水受益人口累计 9.151 亿人，累计受益率为 95.8%，如图 4－6 所示。农村改水受益人口在 2000 年为 8.811 亿人，2001 年略有下降，为 8.611 亿人，农村改水工作受阻，部分地区饮用水环境发生恶化，是造成农村改水成果反弹的主要原因。2010 年和 2013 年，政府加大了改水力度和财政支出，改水累计受益率分别达到 94.9% 和 95.6%，呈增长态势。

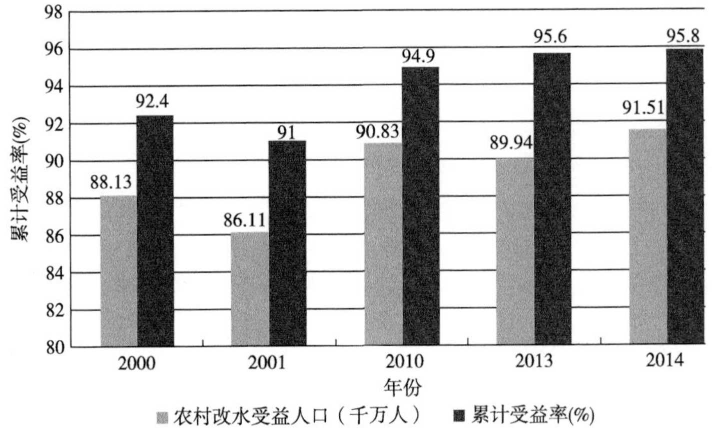

图 4－6　农村改水受益人口及累计受益率情况

资料来源：相应年度《中国农村统计年鉴》。

“九五”期间，累计投入 135 亿元，修建饮水工程 240 万处，解决了 5 100万农民的饮水问题。“十五”期间，中央投入 117 亿元，加上地方配套和群众自筹，总投入 223 亿元，解决了 6 700 万农民的饮水问题。“十一五”期间，国家累计投资 590 亿元，解决了 2.15 亿农民的饮水安全问题。“十二五”期间，国家投资 1 768 亿元，其中，中央投资 1 215 亿元，地方投资 553 亿元。饮水安全工程建设投资占总投资的 68.7%，占水利投资的 45.2%，解决了 5.2 亿农民的饮水安全问题。截至 2015 年年底，全国农村集中供水比例达到 82%，自来水普及率达到 76%。

1949 年中国农村年用电量仅为 2 000 万千瓦·时，占全社会的 0.58%；1978 年为 253.1 亿千瓦·时，占全社会的 9.8%；1998 年为 2 042.2 亿千瓦·时，占全社会的 17.65%；1998—2003 年，农村电网改造投入资金近 2 900 亿元，累计改造了1.33亿万农民的用电设施；2005年年底，达到4 375.7亿千瓦·时，占全社会的22%，分别比1949年、1978年提高21.42%和12.2%。“十一五”期间完成改造投资3 075亿元，为508.9万人口解决了通电问题，对农村人口的覆盖率超过了95%。“十二五”期间，农村电网改造升级投资5 324.6亿元，农村电网供电能力、供电质量显著提高。

二、农村义务教育

义务教育具有很强的公共物品属性，是社会发展过程中不可或缺的动力，成为现代国家的基本职能之一。图4－7反映了农村中小学学校数量和专任教师规模的变化。从全国农村义务教育阶段学校扩建规模和专任教师的变化情况看，无论是初中还是小学的学校及专任教师，都出现了规模下降的趋势。究其原因，一是计划生育的有效实施，造成生源大量减少，学校扩建或扩张的内在需求消失；二是国家推出农村学校合并的政策，发展优质教育，将原本设立在村级的小学向镇转移和合并，并对初中教育实行优质办学和公平分配师资力量，进一步推动初中院校的合并。在这两个原因的综合作用下，20世纪90年代以来，中小学学校规模和专任教师数量不断缩减，但教育提质增效的成果还是存在的。

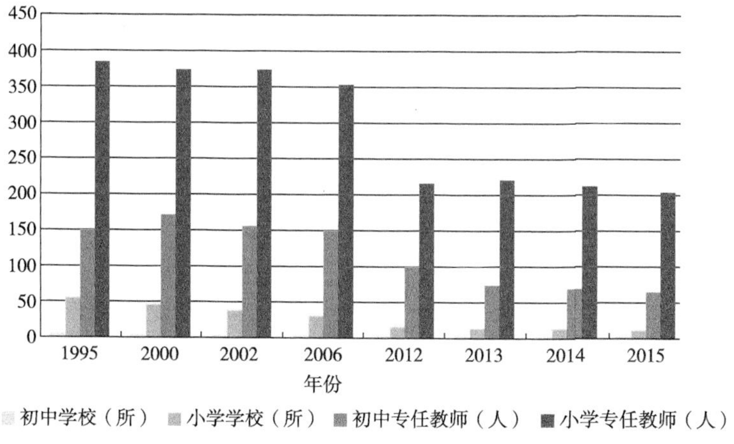

图4－7　农村义务教育阶段农村中小学学校数量与专任教师规模

资料来源：相应年度《中国农村统计年鉴》。

中国从提出义务教育到实现义务教育，大致经历了三个阶段：

第一阶段：1986—2000 年。1986 年通过并施行的《义务教育法》规定中国实施九年义务教育。1992 年颁布《义务教育法实施细则》，规定实施义务教育的学校可收取杂费。2000 年"基本普及九年义务教育"和"基本扫除青壮年文盲"目标如期实现，全国义务教育人口普及率达到 85%，其中，北京、上海等地区"普九"覆盖率高达 95%。

第二阶段：2001—2006 年。2001 年国家在重点贫困县实行了九年义务教育"一费制"试点。2004 年秋季在全国所有义务教育阶段学校实行"一费制"办法。2005 年 12 月，国务院下发《关于深化农村义务教育经费保障机制改革的通知》，将农村义务教育纳入公共财政保障范围。

第三阶段：2006 年至今。《义务教育法》修订后中国建立和完善了农村义务教育经费保障机制，将农村义务教育纳入公共财政保障范围。2006 年起，免除西部农村义务教育学杂费；2007 年，农村义务教育经济困难学生享受"两免一补"政策；2010 年年末，1.3 亿名农村学生享受免除学杂费政策，中西部地区约 1 228 万名农村家庭经济困难寄宿生获得生活费补助。"十二五"期间，增加农村学生上重点大学的人数，2012 年起实施农村贫困地区定向招生计划，2015 年招收 7.5 万名学生，比上年增长 10.5%。

三、农村医疗卫生

我国农村医疗卫生的发展大致经历了四个阶段：

第一阶段：中华人民共和国成立初期至 20 世纪 70 年代，初级卫生保健体系时期。中华人民共和国成立后，政府贯彻以农村为重点、预防为主的工作方针，建立基层卫生组织，农村卫生事业有了极大的发展。1955 年在中国农村正式出现合作医疗保健制度。到 1975 年，全国有 54 026 个乡镇卫生院，62.03 万张床位，74.99 万卫生技术人员，比 1965 年分别增长 46%、368% 和 251%[①]。

第二阶段：从 20 世纪 80 年代到 2003 年，农村医保制度的真空阶段。该时期的乡镇卫生院、床位数及卫生人员数量均有增长，但是医保覆盖率很低，1989 年为 4.8%，1997 年为 17%，1998 年为 6.5%。农村医保制度处于真空

① 数据来源：《中国卫生年鉴 2000》。

状态，80%以上的农民自费医疗，1993年为84.11%，1998年为87.44%。从图4－8可以看出，农村医疗状况变化并不明显，该时期无论是乡镇卫生院、床位数还是卫生人员数量，都基本维持在相当的水平，床位数甚至出现下降的趋势。

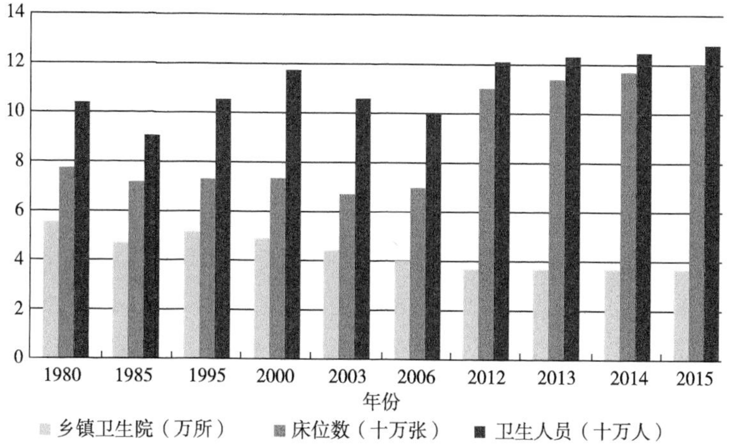

图4－8　农村医疗条件状况

资料来源：相应年度《中国农村统计年鉴》。

第三阶段：2004—2009年，新型农村合作医疗制度确立时期。2004年《关于进一步做好新型农村合作医疗试点工作的指导意见》规定了新型农村合作医疗制度的基本原则和主要政策。2006年《关于加快推进新型农村合作医疗试点工作的通知》明确提出扩大试点、加大财政的支持力度，农村合作医疗全面展开。2005年年底，1.79亿人参保，参合率为75.66%；2009年年底，8.33亿人参保，参合率为94.19%。

第四阶段：2010年至今，新型农村合作医疗制度完善时期。2012年全国新型农村合作医疗和农村卫生服务工作会议召开，提出深化医改精神，推动了新农合制度巩固完善，推进了农村卫生体制改革。2013年中国农村医疗保障重点向大病转移，大病患者住院费用实际报销比例不低于70%，最高可达到90%。乡村医疗卫生改革稳步推进，服务体系进一步健全，医疗卫生服务能力持续提升。如图4－8所示，与第二阶段相比，虽然乡镇卫生院仍然呈逐年下降趋势，但是床位数、卫生人员数量均呈现出稳步增长的态势，反映了农村医疗条件的逐步改善。2012 年床位数突破 100 万张，卫生人员数量突破 120 万人。

四、农村社会保障

我国农村社会保障的发展大致经历了三个阶段：

第一阶段：1956—1979 年，以家庭养老为基础，集体保障为补充。1956 年社会主义改造完成到改革开放前实行以家庭保障为基础的集体保障。家庭养老是主体，其他形式为补充，针对农村无劳动能力、无生活来源、无法定扶养人的老人，在吃、穿、住、医、葬五个方面给予保障，农村养老呈现低福利的保障态势。农村社区型低福利的保障基本能实现养老的供需平衡。

第二阶段：1980—2002 年，农村养老保险探索时期。1986 年全国农村基层社会保障工作座谈会提出，根据农村实际，在经济比较发达的地区发展以社区为单位的养老保险。1987 年《关于探索建立农村基层社会保障制度的报告》提出加快建立农村社会养老保险。1991 年开展农村社会养老保险制度的试点。1993—1997 年，参保人数不断上升，1997 年达到 8 200 万农民。1996 年由于连续下调利率，农民投保积极性降低，农村养老保险试点进入衰退阶段。

第三阶段：2003 年至今，新型农村社会养老保险制度试点时期。2003 年《关于做好当前农村社会养老保险工作的通知》提出积极推进农村养老保险工作。2006 年《农村五保供养工作条例》对农村五保供养资金渠道的规定做了修改，实现了五保供养向现代社会保障体制的转变。党的十七大提出“探索建立农村社会养老保险制度”。党的十七届三中全会通过的《中共中央关于推进农村改革发展若干重大问题的决定》提出健全农村社会保障体系，建立新型农村社会养老保险制度。2009 年开始在 10% 的县开展试点。“十二五”期间，城乡居民基本养老保险参保人数达到 5. 05 亿人，农村五保供养平均标准年均增长率达到 15. 3% 。图 4 －9 反映了农村贫困人口的状况。有学者已经证实，包括农村养老保险、农村最低生活保障制度等在内的农村社会保障制度的逐步建立，对缓解农村贫困人口生存压力、实施反贫困战略等起到了积极作用。从数据上看，农村贫困人口从 1978 年的 7. 7 亿人，逐步下降到 2015 年的 0. 558 亿人，贫困发生率也从同期的 97. 5% 下降到 5. 7% ，脱贫攻坚战取得了巨大成就。

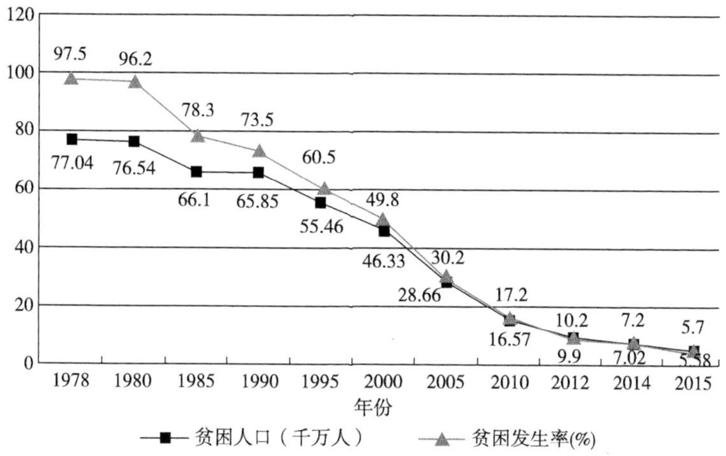

图 4-9　现行农村贫困标准下农村贫困状况

资料来源：相应年度《中国农村统计年鉴》。

第四节　农村公共物品供给现状调查
——以辽宁省为例

一、调查问卷设计的相关说明

为了给本章的研究提供翔实的样本资料，笔者以辽宁省为例进行了实地调研。首先，设计问卷、明确指标、确定内容；其次，进行小范围试调，结合专家咨询调整问卷的问题和指标；最后，选定调查市县开展调研。

（一）问卷设计

问卷名称是“农村公共物品需求调查表”。调查内容包括：被调查者的基本信息，即农民个人特征和家庭特征，如年龄、性别、受教育水平、外出就业情况、家庭人口结构、经济状况；农村基础设施、农村义务教育、农村医疗卫生、农村社会保障和农业科技推广等主要农村公共物品供给情况的调查及农民对这几项主要农村公共物品的需求意愿；农民对本村目前农村公共物品供给水平的满意度评价以及农民对各种农村公共物品需求的优先序。为提高研究的可靠性，问卷初步完成后于 2017 年 5 月在辽宁省本溪满族自治县偏领村进行了预调查，共发放35份问卷。问卷回收后针对存在的问题对问卷做了更改与完善。最后，咨询相关研究领域的专家，征求他们的意见，在此基础上形成正式的调查问卷。

（二）样本村的选择

调查问卷的样本要尽量多样化，以期获得差异化的信息。从空间区域的角度，笔者按照人均GDP排名将辽宁省分为辽中、辽东、辽西三个小区域，其中，辽中地区包括大连、沈阳、鞍山、营口、锦州、盘锦6个市；辽东地区包括铁岭、辽阳、抚顺、本溪、丹东5个市；辽西地区包括阜新、朝阳、葫芦岛3个市。从经济区域的角度将辽中地区视为发达地区，辽东地区视为中等地区，辽西地区视为落后地区。

接下来按照地域差异和空间经济区域在三类区域内抽取18个县（市）代表3个区域内的情况。其中，发达地区的6个县（市）为瓦房店市、海城市、大石桥市、法库县、岫岩满族自治县、大洼县（现改为大洼区）；中等地区的6个县（市）为开原市、本溪县、恒仁县、昌图县、宽甸满族自治县、铁岭县；落后地区的6个县（市）为喀左县、彰武县、建昌县、凌源市、北票市、义县。然后，在所选的县（市）中，每个县（市）抽取1~4个乡（镇），每个乡（镇）随机抽取1个自然村，共计获得52个样本村，以村为单位组织调查。

（三）调研的样本情况

本次调查共发放调查问卷600份，回收591份，剔除漏答关键信息及出现差错信息的问卷，回收有效问卷585份，回收有效问卷比例为97.5%。其中，发达地区发放185份，回收182份；中等地区发放225份，回收217份；落后地区发放问卷190份，回收186份。

二、调查结果的统计分析

（一）受访者的基本状况

根据数据汇总情况，受访农民的基本信息如表4-2所示。在本次调查的585名受访农民中，男性占87.01%，女性占12.99%。年龄30岁及以下的占0.51%，31~40岁的占30.60%，41~50岁的占56.75%，51~60岁的占11.45%，61岁及以上的占0.69%。从受访农民的文化程度看，94.02%的受访农民具有初中及以上的文化程度，能够较好地理解调查问题。

表 4－2　受访农民的基本信息

统计指标		人数（人）	比例（%）
性别	男	509	87.01
	女	76	12.99
年龄	30 岁及以下	3	0.51
	31—40 岁	179	30.60
	41—50 岁	332	56.75
	51—60 岁	67	11.45
	61 岁及以上	4	0.69
文化水平	小学	35	5.98
	初中	458	78.29
	高中	73	12.48
	大学及以上	19	3.25

资料来源：作者根据社会调查结果整理所得。

（二）受访者的家庭情况

受访农民的家庭情况如表 4－3 所示。绝大多数农民的家庭规模为 3～5 人，这一占比达到了 89.06%。受访农民家庭全年人均纯收入 5 000 元及以下的农民占 41.37%，5 001～8 000 元的占 15.04%，8 001～12 000 元的占 18.8%，12 001～15 000 元的占 21.03%，15 000 元以上的占 3.76%。从调查对象的家庭收入来源看，大部分依靠农业生产而少数时间在外务工的家庭居多，比重占到了 47.86%，主要依靠农业生产的家庭比重为 39.83%。

表 4－3　受访农民的家庭情况

统计指标		频数（人）	比例（%）
家庭规模	2	14	2.39
	3	158	27.01
	4	237	40.51
	5	126	21.54
	6	39	6.67
	7	7	1.20
	>8	4	0.68

续表

统计指标		频数（人）	比例（%）
家庭全年人均纯收入	5 000 元及以下	242	41.37
	5 001 ~ 8 000 元	88	15.04
	8 001 ~ 12 000 元	110	18.80
	12 001 ~ 15 000 元	123	21.03
	15 000 元以上	22	3.76
家庭从事生产情况	主要依靠农业生产	233	39.83
	大部分依靠农业生产而少数时间在外务工	280	47.86
	主要在外务工少部分依靠农业生产	70	11.97
	不依靠农业生产	2	0.34

资料来源：作者根据社会调查结果整理所得。

（三）农村公共物品需求表达和供给决策

关于需求表达和供给决策，本次调查共设置 3 个单项选择题。

如表 4 – 4 所示，在对问题“农村公共物品的需求表达是否和您有关系”的回答中，547 人选择“有关系”，占 93.5%；38 人选择“没有关系”，占 6.5%。在对问题“农村公共物品需求表达的渠道是否畅通”的回答中，27 人选择“畅通”，544 人选择“基本畅通”，14 人选择“不畅通”，分别占样本总数的 4.62%、92.99%、2.39%，说明广大农民普遍认识到需求表达和自己有关系，对需求的表达渠道基本畅通。在对问题“农村公共物品的供给决策中发挥作用最大的是谁”的回答中，332 人选择“县乡政府”，占 56.75%；195 人选择“村干部”，占 33.33%；仅有 58 人选择“村民代表小组”和“农民的集体意见”，共占 9.92%。可以看出，供给决策中发挥作用最大的是县乡政府和村干部，农民基本上处于被动地位。

表 4 – 4　农村公共物品需求表达和供给决策调查情况

题　目	选　项	频数（人）	比例（%）
农村公共物品的需求表达是否和您有关系	有关系	547	93.50
	没有关系	38	6.50
农村公共物品需求表达的渠道是否畅通	畅通	27	4.62
	基本畅通	544	92.99
	不畅通	14	2.39

续表

题　　目	选　项	频数（人）	比例（%）
农村公共物品的供给决策中发挥作用最大的是谁	县乡政府	332	56.75
	村干部	195	33.33
	村民代表小组	54	9.23
	农民的集体意见	4	0.69

资料来源：作者根据社会调查结果整理所得。

（四）主要农村公共物品的供给现状

本次问卷主要围绕农田水利设施、农村饮用水、农村义务教育、农村医疗卫生、农村社会保障、农业技术指导与培训共六个方面的农村基础设施进行调查。

1. 农田水利设施

如表 4－5 所示，在对问题“现有的小型农田水利设施是否能满足农业生产的需要”的回答中，有 490 人选择了“基本能”，占 83.76%。在对问题“现有的农田水利设施是否需要修整”的回答中，有 546 人选择“需要”，占 93.33%。这说明农田水利设施与农村的生产需求还有一定的差距，需要进一步加大建设的力度。

表 4－5　农田水利设施调查情况

问　　题	选　项	频数（人）	比例（%）
现有的小型农田水利设施是否能满足农业生产的需要	能	30	5.13
	基本能	490	83.76
	不能	65	11.11
现有的农田水利设施是否需要修整	需要	546	93.33
	不需要	39	6.67

资料来源：作者根据社会调查结果整理所得。

2. 农村饮用水

如表 4－6 所示，在对农村饮用水来源问题的回答中，有 191 人选择了“自来水”，占 32.65%；301 人选择了“压井水”，占 51.45%；15 人选择了“泉水（河水）”，占 2.57%；78 人选择了“大口井”，占 13.33%。有的农民还对水质有所抱怨，分别有 32.31%、28.55%、27.18% 和 1.88% 的农民抱怨水涩、水苦、水浑浊和水咸。这说明半数以上的农民饮用的是“压井水”，使

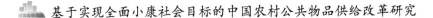

用自来水的比例有待提高。饮用水的水质总体表现一般，部分农村地区的水质需要改善。

表4-6　农村饮用水调查情况

问　　题	选　　项	频数（人）	比例（%）
日常饮用水是哪一种	自来水	191	32.65
	压井水	301	51.45
	大口井	78	13.33
	泉水（河水）	15	2.57
	其他	0	0
饮用水的水质如何	很好	242	41.37
	水涩	189	32.31
	水苦	167	28.55
	水浑浊	159	27.18
	水咸	11	1.88
	其他	70	11.97

资料来源：作者根据社会调查结果整理所得。

3. 农村义务教育

农村义务教育包括农村小学和农村初中两个阶段，本次调查问卷中关于农村义务教育设置了两个问题。在回答“是否有义务教育阶段成员”时，571人选择了“有”，占97.61%。对于有义务教育阶段成员的家庭，在问题中列举了农村义务教育的若干个要素，让农民选择其认为两个不满意的要素。

如表4-7所示，农民对义务教育最不满意的前三个方面是学校管理、师资水平和基础设施。农村义务教育是最典型的公共物品之一，其现状表明农村公共物品的供给确实存在不足。

表4-7　农民对农村义务教育不满意的要素排序

评价要素	频数（人）	比例（%）
师资水平	294	50.25
方便性	132	22.56
基础设施	252	43.08
教师态度	118	20.17

续表

评价要素	频数（人）	比例（%）
学校管理	306	52.31
学校伙食	207	35.38

资料来源：作者根据社会调查结果整理所得。

4. 农村医疗卫生

如表4－8所示，在对农民日常就医机构选择的问题中，可以看出，县医院和乡（镇）卫生院在基本医疗卫生服务方面发挥着重要的作用，在县、乡两级医疗机构接受常见病、小手术、儿童免疫和夜间急诊的农民比例分别是51.45%、64.28%、90.5%和90.26%。这表明县医院和乡（镇）卫生院在农民日常就医中起着主要作用，其原因主要在于这两类医疗机构在服务的专业性方面存在明显优势。

表4－8　农民对日常就医机构选择情况　　（单位：%）

项　　目	县医院	乡（镇）卫生院	村诊所	其他
常见病	23.59	27.86	18.8	29.75
小手术	21.37	42.91	31.45	4.27
儿童免疫	32.48	58.02	5.98	3.52
夜间急诊	58.46	31.80	2.39	7.35

资料来源：作者根据社会调查结果整理所得。

在测试农民对农村医疗卫生各方面要素的需求意愿时，将村级医疗卫生服务（村诊所）和乡（镇）一级医疗卫生服务［乡（镇）卫生院］分开，让农民分别选择其认为最不满意的两个要素，并对结果进行统计分析。如表4－9所示，医生技术、医疗设备和卫生状况被农民排在对村诊所最不满意的前三个方面。方便性、医疗设备和卫生状况被农民排在对乡（镇）卫生院最不满意的前三个方面。另外，村诊所的服务态度也是农民比较不满意的方面，乡（镇）卫生院的方便性比村诊所要差。

表4-9　农民对农村医疗卫生不满意的要素排序

村诊所			乡（镇）卫生院		
评价要素	频数（人）	比例（%）	评价要素	频数（人）	比例（%）
医疗设备	261	44.62	医疗设备	206	35.21
价格	92	15.73	价格	143	24.44
医生技术	308	52.65	医生技术	176	30.09
服务态度	159	27.18	服务态度	167	28.55
卫生状况	240	41.03	卫生状况	203	34.70
方便性	80	13.68	方便性	242	41.37

资料来源：作者根据社会调查结果整理所得。

在回答“当地最需改善就医条件的医疗机构”时，43.93%的农民选择了村诊所，47.69%的农民选择了乡（镇）卫生院，而选择县医院和其他的分别占7.69%和0.69%，说明乡（镇）卫生院和村诊所依然是农民生病时最为依赖的医疗机构。

5. 农村社会保障

在新型农村合作医疗方面，在对问题“新型农村合作医疗是否满意”的回答中，14人选择“非常满意”，547人选择“基本满意”，23人选择“不满意”，1人选择“很不满意”，分别占2.39%、93.5%、3.93%、0.18%。这说明多数农民对新型农村合作医疗持肯定的态度，政府为农民提供新型农村合作医疗的探索与努力是获得农民支持的。

在对新型农村合作医疗不满意的各影响要素进行分析时，让农民选择其认为最不满意的两个要素，再对结果进行统计分析。如表4-10所示，农民对新型农村合作医疗最不满意的前三个方面分别为报销手续复杂、报销起点偏高和封顶额度低。这说明新型农村合作医疗这种公共物品的供给，仍然存在效率低下等方面的问题，政府应进一步完善报销流程制度设计并提高补偿标准。

表4-10　农民对新型农村合作医疗不满意的要素排序

评价要素	频数（人）	比例（%）
报销手续复杂	383	65.47
报销起点偏高	226	38.63
封顶额度低	224	38.29

续表

评价要素	频数（人）	比例（%）
报销比例低	132	22.56
门诊看病不能报销	166	28.38

资料来源：作者根据社会调查结果整理所得。

在新型农村养老保险方面，在回答“对新型农村养老保险是否了解”时，160 人选择了“了解并看过相关政策条例”，415 人选择了“听说过但没有看过相关条例”，10 人选择了“没听说过”，分别占总人数的 27.35%、70.94% 和 1.71%。

6. 农业技术指导与培训

在调查过程中，让农民在目前常见的技术获取渠道中选出自己最常用的几种，结果显示，占样本总数 39.83% 的村民接受农业新技术的渠道为当地乡镇农技推广站，15.56% 的村民接受农业新技术的渠道是各类农村专业合作组织，15.21% 的村民接受农业新技术的渠道是农业类专业院校，10.94% 的村民接受农业新技术的渠道是农业示范企业，10.43% 的村民接受农业新技术的渠道是民营企业推广机构，30.77% 的村民接受农业新技术的渠道是通过当地致富能手的推广，34.19% 的村民接受农业新技术的渠道分别是书籍、报纸、杂志，50.26% 的村民接受农业新技术的渠道分别是手机、电视、互联网络。很明显，传统农业技术推广机构、农村专业合作组织和农业类专业院校的地位在下降。而随着互联网时代的发展，新的推广方式也开始出现，如手机、电视、互联网络，以及书籍、报纸、杂志等都在一定程度上起到了推广农业新技术的作用。

在回答“已有的农业生产技术指导与培训是否能够满足您的需求”这一问题时，有 5.47% 的农民认为乡（镇）或村已有的农业技术推广体系能够满足其需求；有 82.91% 的农民认为乡（镇）或村已有的农业技术推广体系基本能够满足其需求；还有 11.62% 的农民反映乡（镇）或村已有的农业技术推广体系不能够满足其需求。可以看出，农业技术推广体系建设大体已经完成，但仍有需要完善与加强之处。

三、农村公共物品需求优先序分析

在问卷的设计过程中，有一道问题是要求受访农民将设定的 11 项农村公共物品按重要程度依次进行排序，公共物品的排序越靠前，说明农民对该项公共物品的需求程度越迫切。因此，为了直观地表达出农民对公共物品需求的优先序，本书采用了选项平均综合评价法。具体计算方法为：选项平均综合得分 = （Σ 频数 × 权值）/本题填写人次。权值由选项被排列的位置决定。例如，本问卷有 11 个选项参与排序，那么排在第一个位置的权值为 11，排在第二个位置的权值为 10，排在第三个位置的权值为 9，依此类推。假设有效问卷有 120 份，选项“农村基础道路”被选中并排在第一个位置 20 次，第二个位置 40 次，第三个位置 60 次，那么选项“农村基础道路”的平均综合得分 = （20 × 11 + 40 × 10 + 60 × 9）/120 = 9.67 分。同理，可以推算出各项农村公共物品的分值，然后进行比较得出优先序。

发达地区、中等地区和落后地区在区位、发展现状、生活水平等方面存在的差异，导致农民对各种农村公共物品需求的迫切程度不尽相同。将三种经济类型地区农民对农村公共物品需求位序结构分布进行比较，得到如表 4 - 11 所示的情况。通过对不同位序结果的比较，可以分析三种经济类型地区农民对农村公共物品需求的异同。

表 4 - 11　经济发展不同类型地区农村公共物品需求排序比较

项　目	发达地区排序	中等地区排序	落后地区排序
农村基础道路	4	1	1
农田水利设施	5	4	2
农村社会保障（农村低保、农村养老保险）	1	6	5
农村医疗卫生条件	2	3	4
农村义务教育	3	2	3
垃圾处理	7	8	8
农村饮用水	6	5	7
农业生产指导和农业信息提供	9	7	6
村容村貌建设和环境保护情况	10	9	11
文化设施及配套服务	8	11	10
移动及互联网通信技术	11	10	9

资料来源：作者根据社会调查结果整理所得。

（一）三种经济类型地区农村公共物品需求的共同点

某些农村公共物品的需求具有普遍性。农村义务教育、农村基础道路、农村医疗卫生条件在三种经济类型地区的优先序都比较靠前，说明当前农民关注的是涉及自身生存和发展的相关公共物品，人们对子女的培养教育、农村公路建设和道路环境改善以及农村卫生服务提供系统普遍有较强烈的需求；移动及互联网通信技术在三种经济类型地区的优先序都处于居中靠后的位置，这充分说明移动及互联网通信技术在广大农村地区实施的效果良好，移动及互联网通信技术问题已基本得到解决；文化设施及配套服务、村容村貌建设和环境保护情况在三种经济类型地区的优先序都比较靠后，说明在目前阶段，对精神类公共物品、宏观环境等，农民还无法从中受益或受益很少，因而给予了较低的评价。从理性角度看，农民的这些排序有其合理性，显示了农民对农村公共物品的物质需求优先于精神需求、切身利益重于宏观环境的特征。

（二）三种经济类型地区农村公共物品需求的差异性

某些农村公共物品的需求与经济发展水平有很大的相关性，如农村社会保障、农田水利设施、农村饮用水和垃圾处理。其中，农村社会保障在发达地区的优先序排在第一位，而在中等地区和落后地区的优先序分别排在第六位和第五位，说明发达地区的养老模式较其他两个地区更早进入转型阶段；农田水利设施在落后地区和中等地区的优先序分别排在第二位和第四位，在发达地区的优先序却排在第五位，这主要是因为发达地区大多地处城郊或都市经济圈，很多农村耕地被征用开发，所以这一地区的农民对农田水利设施的需求明显没有中等地区和落后地区的农民那么强烈；垃圾处理在经济发达地区的排序为第七位，而在中等地区和落后地区的优先序都排在了第八位，出现这种差别的原因是经济发展的差异所导致的农村公共物品需求层次的差异。

第五章　中国农村公共物品供给存在的问题及原因分析

第一节　农村公共物品供给存在的问题

一、供给投入不足

中华人民共和国成立以来，中国农村公共物品供给有了长足的进步，但供给短缺、总量不足也是不争的事实。据统计数据显示，“十二五”期间，中国农村居民人均纯收入的年增长速度为9.6%，农业生产的发展和农民生活水平的提高对公共物品供给的数量和质量提出了更高的要求。然而，中国农村的基础设施和社会基本服务难以满足农民对美好生活的向往。城乡差距较大，在全面建成小康社会和新时代社会主义现代化建设中依然是一个突出问题。

从对财政支农资金绝对规模的分析可以看出支农资金的变化，中国财政支农资金与国家的经济实力和财政总支出同向增加，但不能就此对财政支农的强度做出判断，所以有必要对国家财政总支出与支农支出进行对比分析。在绝对规模分析中，财政支农支出的规模与国家财政总支出同向增长，但支农支出在财政总支出中的占比较低，1978—2015 年，仅有 7 年支农支出占比增速超过了总支出增速，这说明财政投入农业资金量相对不足。

如图 5－1 所示，支农支出占总支出的比重呈现先降后升态势。由于改革开放初期各项事业刚刚起步，1978—1985 年，财政支农支出占比由 13.43% 下降到7.66%。1986—1991 年，随着改革开放深化，政府调整财政结构，提高财政对农业的资金投入，对农业实行价格补贴等税收政策，支农支出占比稳步提升。1992—2003 年，支农支出占比总体呈下降趋势。2004 年以后政府每年在中央一号文件中明确提出农业发展目标，更加重视农村发展，逐渐提升财政支农支出占比。政府逐渐意识到制约社会经济发展的主要因素是“三农”问题。尽管国家对农业的支出不断增加，但依然存在资金不足的问题。自2007年起，国家连年将“三农”问题作为重点工作推进，财政支农支出呈稳定上升态势，占比逐渐从7%左右提升到2015年的10%。尽管上升态势明显，但仍未达历史最高水平。

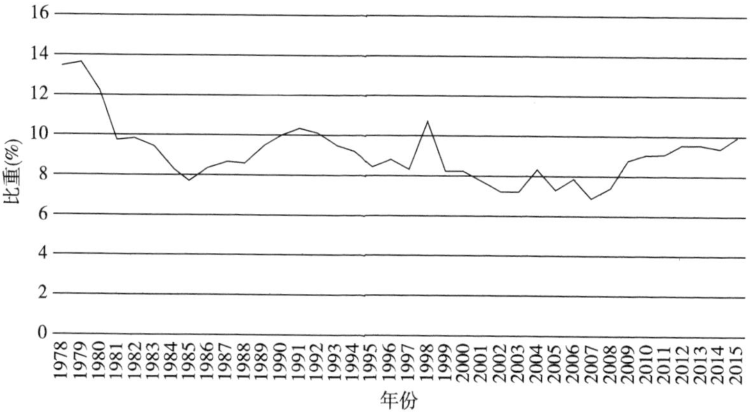

图5－1　1978—2015年中国财政支农支出占财政总支出的比重

二、供给区域不平衡

有效合理的农村基础设施投入能够促进农村社会经济发展，提高农民的收入。农村基础设施投资能力与农村经济发展是同步的，而中国农村基础设施建设滞后一直是农村社会存在的重要问题，制约着中国农业、农村的发展和农民收入的提高。

农村基础设施的供给存在着区域不平衡的问题。中国内地31个省、市、自治区根据经济地带分成东部、中部、西部三个区域，其中，东部地区包括京、津、冀、辽、沪、苏、浙、闽、鲁、粤、琼，共计11个；中部地区包括晋、吉、黑、皖、赣、豫、鄂、湘，共计8个；西部地区包括蒙、桂、渝、蜀、黔、滇、陕、甘、青、宁、藏、新，共计12个。

汇总中国东、中、西部地区农村基础设施投资情况，研究发现，2006—2015年中国东部、中部、西部地区的农村基础设施投资总额基本上均呈上升趋势，但投资增长速度有些许差异。

为更直观地研究不同区域投资具体情况，现将不同区域以农村人口为基础的人均投资情况进行汇总：

东部地区：如表 5－1 所示，总体来看，各省市的人均投资额均呈增长趋势。横向来看，各省市人均投资额差异较大。2015 年江苏（人均投资额最高）是海南（人均投资额最低）的 13 倍多，说明各省市之间的投资存在不平衡性。

表 5－1　中国东部地区农村基础设施人均投资额　　（单位：万元/人）

地区	2006	2007	2008	2009	2010	2011	2012	2013	2014	2015
北京	0.919 9	1.131 2	1.192 0	1.100 3	1.674 9	1.768 8	1.812 0	1.834 5	1.875 2	1.914 8
天津	0.506 3	0.542 3	0.609 8	0.800 9	1.080 1	1.434 5	1.786 0	2.151 1	2.458 1	2.607 2
河北	0.194 9	0.252 6	0.287 9	0.345 5	0.453 2	0.541 1	0.641 8	0.746 8	0.857 7	0.970 4
辽宁	0.306 3	0.406 3	0.489 8	0.659 6	0.399 4	0.565 0	0.752 6	0.951 8	1.143 7	1.315 8
上海	1.510 1	1.813 3	1.610 6	1.713 9	1.685 9	1.944 8	2.119 6	2.296 5	2.546 6	2.749 3
江苏	0.518 2	0.703 3	0.859 6	1.040 6	1.350 4	1.859 4	2.277 4	2.709 0	3.166 7	3.628 3
浙江	0.790 6	0.979 6	1.098 6	1.254 3	1.480 4	1.884 2	2.227 2	2.598 2	2.975 2	3.378 7
福建	0.199 1	0.162 8	0.261 4	0.354 5	0.414 7	0.513 5	0.605 6	0.709 9	0.814 0	0.919 1
山东	0.996 0	0.477 6	0.478 0	0.589 1	0.734 7	0.919 8	1.116 3	1.327 9	1.545 6	1.750 4
广东	0.300 9	0.406 3	0.540 9	0.614 7	0.729 0	0.856 5	0.950 8	1.061 7	1.162 2	0.877 0
海南	0.061 5	0.059 6	0.066 4	0.084 2	0.103 7	0.136 6	0.169 2	0.203 6	0.239 3	0.275 5

资料来源：《中国农村统计年鉴》。

中部地区：如表 5－2 所示，各省市的人均投资额基本呈递增状态；各省市的人均投资额差异较小，与东部地区的省市相比则差异较大。2015 年，江西省（中部人均最高投资额）不足江苏省（东部人均最高投资额）的 1/4，中部仍需加强投资以促进地区间的供给平衡。

表 5－2　中国中部地区农村基础设施人均投资额　　（单位：万元/人）

地区	2006	2007	2008	2009	2010	2011	2012	2013	2014	2015
山西	0.824 0	0.104 0	0.137 6	0.179 8	0.234 3	0.288 9	0.353 7	0.421 9	0.491 0	0.562 5
吉林	0.123 9	0.178 2	0.243 3	0.348 9	0.353 9	0.370 9	0.388 5	0.408 6	0.430 7	0.406 1
黑龙江	0.087 1	0.110 0	0.137 2	0.176 5	0.195 6	0.305 8	0.423 7	0.540 9	0.661 1	0.725 4
安徽	0.100 9	0.125 8	0.171 5	0.218 7	0.294 4	0.371 6	0.448 7	0.528 9	0.607 8	0.687 8

续表

地区	2006	2007	2008	2009	2010	2011	2012	2013	2014	2015
江西	0. 100 9	0. 115 8	0. 132 0	0. 162 8	0. 252 2	0. 366 7	0. 490 6	0. 624 3	0. 759 6	0. 900 7
河南	0. 130 7	0. 167 8	0. 227 9	0. 293 3	0. 380 6	0. 458 3	0. 547 1	0. 637 8	0. 728 8	0. 755 5
湖北	0. 089 2	0. 095 3	0. 127 0	0. 159 2	0. 221 2	0. 297 5	0. 371 6	0. 448 4	0. 522 6	0. 505 2
湖南	0. 106 7	0. 117 6	0. 144 1	0. 177 2	0. 226 3	0. 280 7	0. 350 1	0. 420 7	0. 491 7	0. 566 1

资料来源：《中国农村统计年鉴》。

西部地区：如表 5 –3 所示，除四川外各省市人均投资额均逐年递增；横向比较来看，2015 年，除青海与宁夏外西部各省市的人均投资额不足 1 万元，且与中部地区间差异较小，与东部地区差异较大。

表 5 –3　中国西部地区农村基础设施人均投资额　　（单位：万元/人）

地区	2006	2007	2008	2009	2010	2011	2012	2013	2014	2015
内蒙古	0. 069 6	0. 079 3	0. 097 3	0. 125 7	0. 168 4	0. 216 8	0. 263 7	0. 313 2	0. 363 8	0. 414 7
广西	0. 058 3	0. 081 4	0. 112 8	0. 144 5	0. 185 4	0. 243 8	0. 296 4	0. 351 1	0. 406 5	0. 460 5
重庆	0. 101 8	0. 103 8	0. 131 0	0. 185 7	0. 259 5	0. 382 5	0. 515 9	0. 660 3	0. 804 9	0. 955 2
四川	0. 107 9	0. 090 5	0. 113 9	0. 150 3	0. 454 8	0. 427 1	0. 390 5	0. 351 3	0. 308 0	0. 263 0
贵州	0. 036 3	0. 054 0	0. 076 6	0. 100 1	0. 146 0	0. 215 2	0. 277 8	0. 344 0	0. 411 4	0. 441 6
云南	0. 059 1	0. 066 4	0. 102 1	0. 108 3	0. 135 5	0. 158 4	0. 185 6	0. 215 9	0. 243 0	0. 271 2
西藏	0. 135 1	0. 135 5	0. 174 1	0. 169 6	0. 220 2	0. 248 7	0. 276 7	0. 301 6	0. 331 3	0. 363 9
陕西	0. 061 0	0. 086 6	0. 111 8	0. 152 3	0. 170 2	0. 194 4	0. 217 4	0. 247 5	0. 272 5	0. 298 6
甘肃	0. 047 3	0. 056 2	0. 073 4	0. 119 2	0. 172 3	0. 213 9	0. 256 2	0. 301 5	0. 348 8	0. 398 7
青海	0. 057 5	0. 071 9	0. 118 3	0. 210 9	0. 336 9	0. 568 7	0. 799 3	1. 037 5	1. 275 2	1. 333 6
宁夏	0. 178 1	0. 174 5	0. 210 8	0. 273 9	0. 331 6	0. 458 7	0. 594 9	0. 722 8	0. 860 5	1. 009 1
新疆	0. 102 1	0. 117 2	0. 150 3	0. 182 2	0. 224 4	0. 287 6	0. 340 8	0. 393 1	0. 444 3	0. 504 3

资料来源：《中国农村统计年鉴》。

综上所述，中国农业基础设施投资表现为区域发展不均衡。东部地区投资环境好，基础设施建设投资规模大、范围广、收益高，因此社会资本能够踊跃地参与到相应的投入之中。中西部地区社会资本参与农业基础设施投资尚处于起步阶段，投资仍需加强。乡村振兴的重要途径是增加农村公共物品中基础设施的供给投入，切实把基础设施建设以及社会发展重点转向农村。

三、供给城乡差异大

中国农村公共物品供给存在的问题不仅表现为供给总量不足和区域间不平衡，更体现在公共物品供给显著的城乡差距上。通过对城乡共有的公共物品供给的比较分析，可以清晰地看到这种差距以及其中所透视出的社会不公平的存在。

（一）基础教育

在中国教育中，农村教育占据相当大的一部分，其普及的程度和水平直接影响全国普及教育和基础教育的实现程度，决定了人口素质和人均文化水平所能够上升的层次和高度。《中国农村教育发展报告2017》显示，农村的在校生占全国总数的75%，但乡镇乡村的教师人均月收入不超过4 000元。2012—2016年，农村小学数量减少了30%。农村教育的薄弱环节一直是师资力量。数据显示，2012—2016年连续5年中国教育经费总投入累计达17万亿元，占国内生产总值（GDP）的4%以上。在2016年，有一半的中国财政支出的教育经费都用于义务教育。从人均经费来看，2016年农村普通初中、小学、幼儿园学生人均教育经费支出依次为1.44万元、1.08万元、0.61万元，分别比2012年增长50.2%、51%、51.1%。尽管国家不断提高农村教育的重视程度，不断增加教育经费的投入、提高农村教师的待遇，但是在当前农村教育发展中师资匮乏的现象仍然存在。截至2016年年底，全国仍有1 000多个县未通过“义务教育发展基本均衡县”的督导评估认定。虽然有一些县通过了督导教育评估的认定，但与“高位均衡”还有很大的差距。农村教育经费投入比例一直偏低，农村义务教育经费投入增速也低于全国平均水平，虽然近年来加大了投入力度，但依然未见明显成效。

2003—2014年，中国财政用于城乡教育经费的支出有了很大程度的增长，但城乡教育经费支出差额的绝对值却呈现出增加的状况，初中经费支出由2003年相差207.29元增加到2014年相差3 547.51元，扩大了16倍多，说明城乡基础教育支出差异扩大趋势明显。2004年国家教育投入113.63亿元，其中用于农村教育的支出为30.11亿元，仅占26.5%。

《中国教育统计年鉴》显示，在2014年小学教育经费支出中，全国生均为7 681.02元，农村生均为7 403.91元，表明农村小学生教育费用低于全国平均水平。2014年农村初中生教育经费也明显低于全国初中生，全国生均为

10 359.33 元，农村生均为 9 711.82 元。中国城乡基础教育经费支出仍存在较大差异。

（二）医疗卫生

城乡居民医疗卫生的差距表现在：

第一，城镇基本医疗保险与新型农村合作医疗差距明显。2013 年有 6 801 亿元用于城镇基本医疗保险支出，仅有2 908亿元用于新型农村合作医疗支出。

第二，两者的居民人均医疗保险支出差距更为明显。2009 年城镇居民人均支出 697.60 元，农村居民人均支出 110.79 元；2013 年城镇居民人均支出 1 191.07元，农村居民人均支出 299.13 元。

以上数据显示，城乡居民人均医疗保险支出相对差距在逐渐缩小，但绝对差距却在扩大。

（三）社会保障

城乡居民社会保障的差距表现在：

第一，养老保险保障不均等。中国社会保障制度的核心部分是养老保险保障。新型农村社会养老保险和城镇职工基本养老保险组成了目前中国养老保险制度，这两项养老保险分别施行于 2010 年和 2011 年。《中国统计年鉴》的数据显示，2012 年 30 426.8 万人参加城镇职工基本养老保险。2013 年增加 1 791.6万人，共计 32 218.4 万人。其中，24 177.3 万人是职工参保，比 2012 年增加 1 196.2 万人；参保的离退休人员有 8 041 万人，比 2012 年增加 595.3 万人。2014 年 5 519 万人参加了农村养老保险，符合条件已按月领取养老金的有 1 633 万人。与 9 亿的农民总数相比，这个比例仍旧很低，农民养老仍然存在负担问题。

第二，城乡社会救助水平不均等。2014 年民政部网站公布了社会服务发展统计公报，数据显示城乡社会救助水平差距较大。截至 2014 年年底，中国城市最低生活保障人数为 1 877.0 万人，农村是 5 207.2 万人。2011—2014 年，城市最低生活保障资金支出年均增长率为 3.03%，共增长了 61.8 亿元；农村最低生活保障资金支出总额增长了 9.24%，共 202.6 亿元。虽然农村最低生活保障资金支出逐年增长，但人均指标与城市存在较大差距。2014 年城市居民可领取每人每月 411 元的最低保障金，而农村只有 129 元，城市居民是农村居民的 3.19 倍。农村最低生活保障规模也经历了先增后降的走势，从 2007 年的 3 566.3 万人增长到 2013 年的最高值 5 388 万人，2014 年小幅下降至5 207.2万人；而农村五保供养人数则出现了逐年下降的趋势，由2007年的531.3万人下降到2014年的529.1万人（如图5－2所示）。

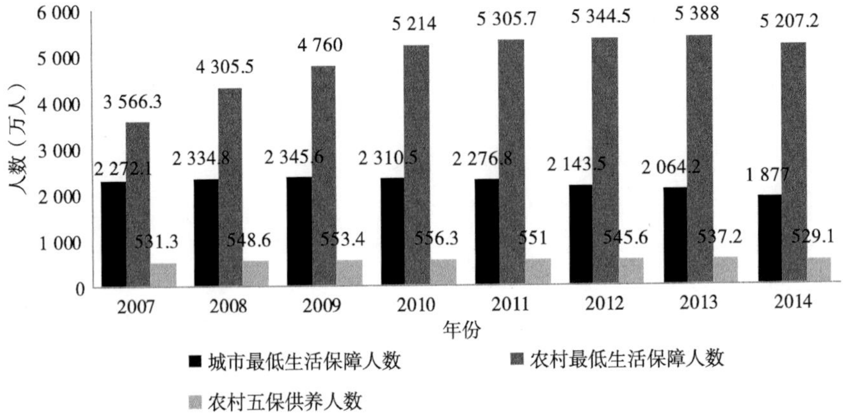

图5－2　2007—2014年中国城乡救助情况

四、供给效率低下

农村公共物品的供给效率低下表现为使用效率低，资金预算和审计流于形式，供给项目缺少讨论，供给不符合农民需要，常常出现浪费和稀缺的情况。农村公共物品供给制度滞后，管理不规范。农村公共物品的供给有效性低已经影响到农村经济的发展与进步。供给效率低下表现在：

第一，部分农村在公共物品供给方面开展运动式建设。不遵守客观规律导致基础设施建设出现“大跃进”式的问题，表现为后续工程款不到位，拖欠农民工资，工程质量存在问题，财政投入效率偏低，与预期效果相背离。

第二，农村公共物品供给过程中出现懒政现象。许多政府人员出现懒政行为，工作中消极执行上级指令，不主动考虑供给问题。

第三，技术服务投入效率偏低。部分农村地区的农技推广缺乏与民间主体的有效互动，政府对科技服务不重视，导致农民不能享有现代科技带来的便利。此外，科技人员数量少、层次水平低也导致技术服务环节薄弱。

五、供给与需求脱节

供给与需求脱节表现在：

第一，采取“自上而下”的供给决策方式。农民对公共物品的需求取决于从事的生产经营活动，而农村公共物品的供给不是根据农民生产经营活动的需要决定的，而是由上级政府与地方政府的决策者根据需要安排的。由于没有掌握农民的需求状况，供给决策带有很强的主观性和强制性。此外，地方政府作为供给主体核心，对农民的需求不予理睬，多是出于政绩考虑，对道路建设等见效快的积极进行投入，而对医疗、教育、环保等隐性和长周期的项目则较少关注。

第二，忽视农民急需的公共物品供给。其中最为明显的就是农村基础教育供给存在严重不足，教学环境有待改善，教师素质有待提高；对农村市场信息的供给存在网络硬件设施弱、网络交流共享性差、政府不重视等问题，不能为农村发展提供有效信息；农村公共文化缺失，基层政府过于注重物质文明建设，忽视农民精神文化的需求。

综上所述，中国经济正处于快速发展时期，农村公共物品建设明显增加，但由于供给体制等多方面原因，仍然存在着公共物品总量相对不足、供给效率低下、供求矛盾突出、城乡与地区供给差距明显等问题。农村公共物品供给问题会造成农民负担过重，农民生活质量下降，制约农村经济发展，从而影响整个国家的进步与发展。因此，必须又快又好地解决农村公共物品供给问题，切实推进乡村振兴计划，实现 2020 年全面建成小康社会的目标。

第二节　农村公共物品供给存在问题的原因分析

一、城乡二元结构长期存在

中国农村公共物品供给不足是由国家的发展战略和政策的调整、体制的制约、农民的需求表达机制不完善等多方面因素造成的。国家在每个发展时期都有相应的发展目标，都会制定相应的发展战略与策略。中国目前的农村公共物品供给状况，在很大程度上受到中华人民共和国成立以来中国所实行的发展战略、政策及制度的影响。中国实行的城乡二元分治，严重影响了中国农村发展，造成农村公共物品供给不足。改革开放初期中国实行城乡发展战略，通过牺牲农业、农村建设来支持工业发展和城市建设，造成城乡不均衡发展。与此同时，在以农补工政策、征收各类农业税的影响下，有限的资金和资源聚集城市。农业税取消后，乡、村财政收入锐减，农村公共物品出现供给短缺、供给结构不合理、供给质量不高以及效率低下等问题。与发达国家相比，中国的工业化和城市化发展水平较低，由此带来的技术和资本外溢不仅没有快速解决农业、农村及农民问题，反而使问题更加严重。而农业发展现代化水平低、程度低、效率低，农民失去资本积累的好时机，导致农村公共物品投资不足，发展水平较低。

此外，城乡分治的二元结构与户籍制度相捆绑，《中华人民共和国户口登记条例》以法的形式限制了城乡流动，户籍制度引起了城乡不平等，如就业、医疗、教育等制度与管理城乡均有不同，造成城乡居民公共物品供给不均等，加剧了城乡结构的失衡，而城乡间差距明显成为供给不公平的体现。

二、采用单一供给主体的供给方式

政府作为农村公共物品的供给主体，主要从财政资金的投入力度和政府官员行为两个方面影响公共物品的供给状况。

第一，政府的财力有限，投入力度不够。以卫生费用支出为例，基层医疗卫生机构主要由财政资金支持且由政府主办和监管，受分税制改革和其他一系列税费改革的影响，县乡财政的资金更加紧张，县乡政府在农村公共卫生服务方面的投入力度也更加有限。因此，政府主要向基层医疗机构投入满足基本需求的资金，而会选择性忽视许多其他类型的公共卫生服务需求，如健康教育、卫生执法监督检测等隐性支出项目的需求，导致农村公共卫生服务供给缺乏弹性，供给结构不尽合理。

第二，晋升激励之下，易发生短视行为。根据公共选择理论的经济人假设，行政组织和政府官员是基于最大化个人效用而进行行为选择和做出理性决策的。行政组织将预算最大化作为其行为决策的基准点，政府官员则更关注获得选举胜利或者职位晋升。因此，在农村公共物品供给方面，官员晋升激励与预算最大化会诱使官员更多地关注可以显示其政治绩效的公共物品项目，而忽视不会带来绩效提升的项目（如公共卫生服务）。此外，作为委托人的农村居民居住在比较分散的村庄，而且缺乏相应的农村居民组织，因此，农村居民难以发表自己的意见，难以向外界表达自己的利益诉求，这也在一定程度上决定了难以对行政组织和官员进行有效的监督与问责。

三、财政投入不均衡，转移支付制度不完善

中央公共财政对农村投入力度不足，财政政策对农村的影响程度较弱，农村公共财政体制不健全，基层政府财政能力有限且转移支付制度没有发挥作用，这些原因造成城乡公共物品供给不协调，很难达到均等化。

第一，财政投入不均衡。城乡二元制度造成财政支出偏向城市，更多地用于城市基础设施建设，而对农村公共物品供给投入较少。虽然国家对农业的财政支持力度逐渐加大，但由于基数过大，“三农”支出在总支出中所占比例依然不高。农业税的免除直接引起基层财力不足，农村公共物品的资金来源随之减少。部分公共物品的供给成本转移给了农民，更增加了农民的生活负担。

第二，转移支付制度不完善。转移支付制度主要有税收返还、一般性转移支付、专项及其他转移支付。税收返还主要维护地方既得利益的维，不能解决均等化问题，也不能缩小公共服务差距。一般性转移支付属于能实现均等化的转移支付，基层政府可支配范围越大，越容易开展活动，越有自主性，越能够实现均等化。但是，在现实中一般性转移支付占全部转移支付的比例却是最小的。专项及其他转移支付占较大比重，支付种类多，覆盖面广，但受上级制约，拨款标准不规范。因此，不规范、不透明、监督力度不足的转移支付制度不能解决农村公共物品供给的困难，更难实现城乡公共物品供给的均等化。

四、政府职责划分不合理

政府职责划分不合理主要表现在：

第一，财权和事权不对称。中央政府为提升在财政分配中的比重而将财权上移，省市级政府亦是如此，从而削弱了县乡级政府的财政能力，导致财政入不敷出。县级政府承担事权，为了政绩更热衷于投资路、桥等看得见的工程，而忽视对医疗教育的投入，导致城乡公共物品供给不平衡。

第二，乡镇政府主体缺位。乡镇政府是农村公共物品供给的重要主体，其缺位的主要表现有：首先，财权与事权不对称。乡镇政府在供给责任方面没有明确合理的边界。减免农业税后，乡镇政府的财政缺口更大，导致其在供给中缺位。其次，各层级政府公共物品供给的目标有差异。上级政府想多

供给少花钱，乡镇政府想多获得财政资金少办事。乡镇政府为提升政绩而轻视对农村公共物品的供给。各级政府在博弈过程中不但没有形成纳什均衡，反而陷入“囚徒困境”，主体严重缺位。

第三，乡镇政府机构臃肿，行政经费支出大，造成公共物品供给困难。政府机构人员多，机构臃肿导致财政缺口增加，可以用模型来解释。如图 5 – 3 所示，假设乡镇政府机构数为 N，行政费用为 C，则 $C=F(N)$。上级用于乡镇政府的行政经费假定为 M，财政缺口为 $C-M$。E 点是 C 与 M 曲线的交点即均衡点，在 E 点 $C-M=0$，基层政府机构超出均衡数量，沿曲线上移至 A 点，财政缺口由 0 变为 AB。人员编制及管理成本增加导致行政经费增加，乡镇财政为维持机构运转便没有供给农村公共物品的动机。

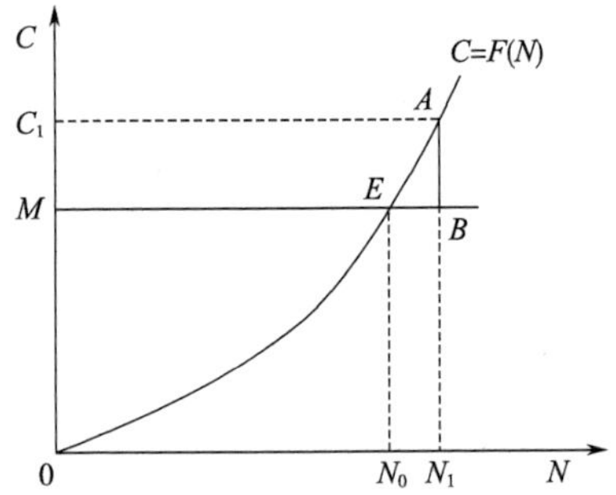

5 – 3　机构臃肿导致财政缺口增加的模型

五、农民参与公共物品供给的动力不足

集体化时期的农村公共物品供给制度在家庭联产承包责任制的冲击下渐渐失去了主体地位，供给失去经济基础。农村公共物品供给体制单一，政府投入占主导地位，没有建立私人、企业投入公共物品建设的多元供给机制。农民对农村的公共事务及设施建设积极性、参与性低。“搭便车”现象的存在使很多农民不愿承担供给成本，有些农民从个人利益出发不愿投资公共物品。

此外，城乡二元体制使农村劳动力尤其是青壮年大量向城镇转移，80 后、90 后等受过高等教育的农民都选择留在城市，导致农村人力在量和质两方面都严重缺失。农村稳定人口减少，文化水平低的老人、妇女留在农村更导致供给参与度下降。法治基础薄弱也是农村建设的障碍，农民对法律知识和理念了解少，缺乏民主参与和表达的意识。

六、筹资机制不完善

筹资机制不完善主要表现在：

第一，供给资金回报率低，社会资本投资积极性差。农村公共物品供给项目盈利性差，投资利润率低，投资回收周期长。自然灾害导致农业生产资源要素成本上升，农业保险滞后导致投资风险大。2015 年农业保险深度（即农业保费收入占农林牧渔增加值的比例）仅为 0.62%，预期到 2020 年达 0.9%，这一水平仍然较低。

第二，保险覆盖面窄，品种少。金融机构融资需要抵押担保，社会资本投入农业基础设施缺少抵押物，贷款融资难。而中国目前农业保险的覆盖面窄、品种少，很难分担社会资本承担的风险。

第三，供给投资的内部结构不合理。首先，农村公共物品存在重复建设与投资不足、投资浪费与效益不高等问题。其次，自上而下的供给决策机制以及基层政府绩效考核利益的驱动因素造成政府供给偏好与农民需求存在偏差。最后，资金紧张、筹资困难、产权不明导致政府忽视公共物品的运营和维护，基础设施寿命变短且严重影响效益的发挥。

第四，实行以政府为主的筹资机制。资金筹集方式主要有两个，一是中央财政预算拨款，二是管辖外筹集。财政支持是农村公共物品供给资金的主要来源，但实际上更多的是向农民征税筹资。农业税取消后，政府财政紧张，便将筹资重担转嫁，由此加重了农民的负担。

第五，缺乏法律法规保障。中国农村公共物品供给筹资机制具有短效性。一方面，资金来源不稳定，政府投入资金不足，便会随意减少供给数量或者通过集资等手段供应农村公共物品，使得农民的需求得不到满足，从而降低了农民对公共物品的满意度；另一方面，保护农村公共物品供给的法律法规不完善，使供给资金缺乏监督和约束，导致农村公共物品的供给极不稳定。

七、供给主体与农村居民之间信息不对称

在私人物品市场中，需求者和供给者通过价格机制形成均衡价格，达成交易，从而实现市场供求均衡。但是，公共物品的供求之间缺乏有效的价格传递机制，因此，公共物品的供给者和需求者通常处于信息不对称的状态，

这是导致公共物品供给存在困境的重要原因。根据效用理论的相关内容，每一个个体效用的总和并不等于该整体的总效用，即：

$$U(X_1)+U(X_2)+\cdots+U(X_N)\neq U(X_1, X_2, \cdots, X_N)$$

因此，不难理解，每个人需求或者偏好的特殊性会使供给主体难以实现供给总量的最优化。这种天然属性使供给主体所提供的公共物品难以实现每个需求主体的最优需求或者偏好。

就现实情况而言，一方面，农村居民分布比较分散，因此，相关部门在获得有关信息情报方面难度比较大，成本比较高；另一方面，农村居民收入水平的高低也会影响到农村居民对公共物品的需求层次，收入较高的农村居民会“用脚投票”来选择质量更高的公共物品，收入较低的农村居民则会选择较低层次的公共物品。上述两个因素带来的信息不对称，致使公共物品供给出现总量不足、结构失衡、效率低下等问题。

此外，在公共物品供给过程中，由于存在有限理性、机会主义和资产专用性，必然会产生决策费用、组织实施费用、监管费用等各种交易成本。以农村医疗服务为例，在中国农村当前的公共物品供给制度安排下，多头决策体制和不同层级政府的责任担当都会增加决策费用，医疗卫生机构与患者距离的远近会决定交通费用的多少，公共卫生机构的主管单位对医疗卫生机构的监管也会带来监管费用。从医疗服务市场的角度看，医疗体制改革并没有有效缓解医疗服务市场信息不对称的问题，“看病难，看病贵”的问题仍然十分突出。交易成本能够形成的重要原因之一就是信息不对称，交易成本的高低则会影响一个系统运行效率的高低。因此，只有推动制度创新，控制交易成本，才能带来效率改进和效用提升。

第三节　农村公共物品供给主体行为的博弈论分析

一、各方参与主体及其特征

改革开放以来，城镇工业优先发展，不仅将大量有限的财力投向了城镇建设和第二产业，而且政策上的城乡区别也十分明显，造成农村公共物品供给长期不足和严重紧缺。2001 年，国家进行农村税费制度改革试点，并于

2006年1月正式废止农业税条例，取消农业税。2005年10月，党的十六届五中全会提出扎实推进社会主义新农村建设，增加公共财政对农村公共事业的投入，大力发展农村职业教育和义务教育，完善农村医疗卫生体系建设等。改革开放30年后，国家开始更加重视农业、农村和农民发展问题，在2008年提出“工业反哺农业，城市反哺农村”，统筹城乡经济社会发展的要求。农村道路、教育、医疗、社保等公共物品供给逐渐增多。

从整个改革历程看，农村公共物品的供给主体是有明显变化的。农业税费改革之前，向农民直接征收的“三提五统”费用，占乡镇可支配财政收入的60%～80%。此时，在农村公共物品供给中，乡镇政府处于主体地位，省级、中央财政为补充，农民则处于弱势地位。农业税费改革之后，虽然农民的经济负担减轻了，但中国农村公共物品的财政投入渠道不健全，导致公共物品提供存在经费困难、产品和服务质量下降等问题。此时的公共物品供给主体是地方和中央政府，乡镇政府除了上级的转移支付外，没有其他经费来源，却有向上级政府上报农民公共物品需求的义务，但是基层政府在政绩考核和经济利益的驱动下，其行为目标往往与农民的需求不一致。这种自上而下的农村公共物品供给决策模式造成中国农村公共物品供给结构的失衡。构建多元化农村公共物品供给制度的格局，必须对制度变迁中的各方参与主体的行为特征及所采取的博弈策略做出分析。

（一）中央政府

中央政府是宏观经济政策的制定者，也是宏观调控的主体，以社会稳定和经济社会发展为行动的出发点，以公民所纳税额作为承担公共物品供给的财政基础，理论上能够做到合理分配城乡公共物品资源，因此，在农村公共物品供给上，中央政府处于主体地位。特别是在农业税费改革之后，中央政府成为中国农村公共物品供给政策的直接制定者和行政执行者，集财权、行政权于一体。县乡政府则是农村公共物品供给最直接、最重要的事权主体。

虽然社会契约论和公共物品属性等理论明确了中央政府供给的主体地位，但是，将中央政府作为中国农村公共物品供给的首要供给主体，并不现实。首先，由于信息不对称，中央政府难以完全掌握全国不同地区农村公共物品的实际需求情况。中国农村地区间发展差距较大，不同地区农村居民对公共物品的需求不尽相同，结构性问题十分突出。同时，由于各地区经济发展速度不同，农民的需求也存在差异性。这种复杂的公共物品需求结构和需求层次，单单依靠中央政府难以充分掌握，更遑论精准到位。其次，在实现中央政府对供给决策权的垄断等情形下，单一的决策机制往往造成农村公共物品供给的普遍性一致，缺少地区差异化，而且在公共物品种类、结构、数量供给的多少上均反映出中央政府的意志，造成需求与供给的错位。最后，在中央政府供给公共物品的过程中，容易引起地方政府或基层政府等事权主体的寻租行为和腐败问题，造成公共物品供给的低效率、低质量等问题。

（二）省级政府

当前，在农村公共物品供给层面，如图 5－4 所示，省级政府扮演着双重角色。其一，省级政府在五级政府组织架构中充当政策的传递者和资金安排的接力者，要将中央政府对农村公共物品供给的政策和资金传递到下级政府，并将下级政府反映的农村公共物品需求向中央政府汇报。其二，省级政府又是农村公共物品的供给者，主要是因为实行中央与地方的分税制改革后，省级政府也有义务提供农村公共物品供给所需资金，并根据中央政府的农村公共物品供给政策，结合本省具体情况，制定并安排农村公共物品供给方式、供给数量等。

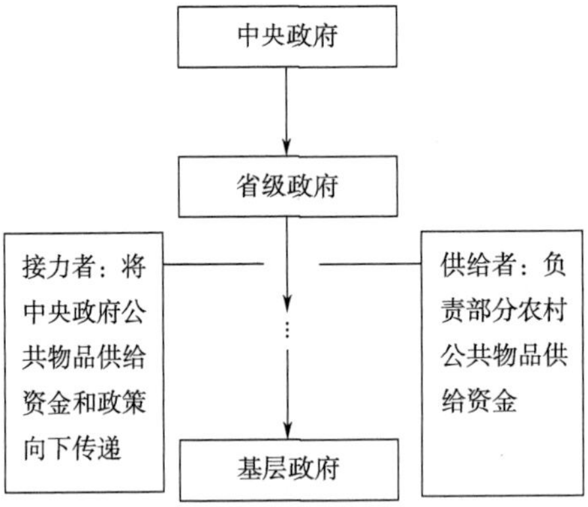

图 5－4　省级政府的双重角色

（三）基层政府

县乡或区县政府是中国农村的基层组织，位于整个行政垂直管理体系的末端，也是最需要依靠的政策执行力量。基层政府作为农民利益的代理人，与广大农民群众联系最为紧密，在对农村公共物品的供给和需求两个层面，都具有其他级别政府无法比拟的距离优势。在中国农村公共物品供给的过程中，基层政府既要向上级政府负责，落实公共物品供给政策和资金使用，又要管辖域内农民，并负责收集农民群众公共物品需求信息，并向上一级政府部门汇报。

基层政府作为理性的经济人，受自身利益最大化驱使，往往将工作重心放在上级强制考核的工作上，忽视对农民群众切身利益的考量。政绩考核是基层领导干部最为关注的事情，能够符合干部政绩考核要点的农村公共物品的供给往往是比较容易实现的；相反，其他的不在政绩考核范围或政绩考核分量占比较低的公共物品供给，往往会被基层领导忽视。除此之外，基层政府的财权与事权严重不匹配，进一步加剧了供给的低效率或无效率状况。农业税费改革以后，基层政府的财权收缩严重，而上级政府又进一步下放事权，造成基层政府在农村公共物品供给方面财力不济。

（四）农民

公共物品的属性，特别是效益的外溢性特点，容易让农民滋生“搭便车”的心理，表现在由村民自筹经费提供公共物品供给时，往往存在筹资困难、缴费难达预期规模的问题。这符合个体农民的“理性经济人”假设，农民总希望自身的利益是最大的，而在成本收益方面，却又希望以最小的成本来获得最大的收益。从严格意义上讲，农民自筹经费所提供的公共物品是准公共物品，属于社区性公共物品，且该部分公共物品的供给绩效受到农民与县乡政府及第三方动态博弈的影响。

（五）第三方

第三方提供农村公共物品，有其自身的价值目标，并受社会经济利益的约束，是按照契约供给原则提供公共物品的，属于市场化行为，遵循市场规律。一般而言，第三方参与农村公共物品供给，有以下三种情形：其一，存在非营利的“社会偏好”参与行为。例如，城乡非营利组织、社会志愿者等参与农村公共物品或服务供给，是为了实现自身的社会价值，这在农村出现自然灾害、缓解贫困或支教等情形中比较常见。如果在公共物品提供过程中，出现预期受益目标受损（如扶贫款被挪用）等情况，第三方受可能减少或退出农村公共物品供给。其二，第三方具有半自利性质，在重复博弈过程中，兼具一定社会偏好的第三方会选择贡献水平高的公共物品供给。如果在这一过程中被他人“搭便车”，第三方就会在随后的博弈中减少贡献量。其三，完全自利的第三方，参与农村公共物品供给的目的不仅是获得投入产出的稳定收益，还包括在“搭便车”过程中获得额外收益。但是，由于存在信息不对称，特别是存在地方政府公共物品供给和农民公共物品需求在种类和数量上信息不对称，所以无法确切了解各参与方的“同期行动”，一般存在滞后性和不一致性，导致无法实现最优策略，经常出现公共物品供给过度、不足或有偏差等问题。

综上，如图5-5所示，可以看出当前供给的层级结构及各多元主体的特征。中央政府是首要主体。省级和地市政府处于上传下达的中间环节。区县和乡镇政府是最贴近农村公共物品供给的知情者和强有力执行者。农民和第三方参与农村公共物品供给，不仅可以满足公共物品需求，而且可能获得额外收益，是农村公共物品供给的必要补充。

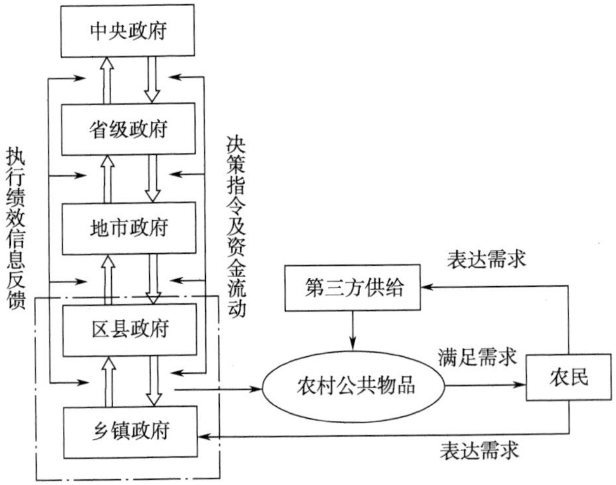

图5-5 农村公共物品供给主体及其关系

二、博弈分析的前提假设

为简化问题，结合本书研究的主要内容和逻辑架构，探讨农村公共物品供给过程中多元主体合作策略下的博弈情形，省去不合作参与情况。此外，由于省级和地市政府在公共物品供给中兼具供给者和传递者的属性，其本质上是为了更好地传达和实现中央政府的决策意志，其目标与中央政府的目标一致，因此，将省级和地市政府策略同归于中央政府策略分析。根据理论构思和研究需要，提出以下七个前提假设：

假设1：农村公共物品供给由中央政府、县乡政府、农民和第三方共同参与，省级和地市政府策略与中央政府策略保持一致，合并分析。

假设2：各参与主体的供给均属于有限理性行为，并追求各自利益目标的最大化。

假设3：在中央政府与县乡政府的策略选择过程中，中央政府处于主导地位，县乡政府处于从属地位。

假设4：不管是中央政府还是县乡政府，在农村公共物品供给过程中，其策略行为均会对农民和第三方产生影响，但受到信息不对称或时滞影响，农民和第三方的策略选择均以县乡政府的行为作为主要依据。

假设5：县乡政府、农民以及第三方之间，同样因为信息不对称和存在时滞因素，都不能够完全了解其他各方的同期策略选择。

假设6：农民以及第三方参与农村公共物品的供给，是以获得稳定收益为主要目标，并兼顾额外收益的。

假设7：农民个体是公共物品供给的被动接受者，其策略对博弈均衡结果影响较小。因此，本节所指农民实质为群体概念，其策略代表村委会的策略。

三、博弈过程分析

（一）各方策略选择与支付矩阵设定

中央政府与地方政府构成了委托代理的关系，中央政府属于委托人，地方政府属于代理人，但由于事权和财权不一致，难免存在利益冲突，构成博弈关系。在农村公共物品供给方面，中央政府通过行政手段向地方政府施压，对地方政府实行垂直管理和监督，因此中央政府的博弈策略为“督查”和“不督查”。县乡政府在公共物品供给过程中，向上级政府汇报公共物品需求状况，为了获取地方利益而采取“虚报”或“不虚报”策略。

由于农民和第三方对农村公共物品的供给受到中央政府和县乡政府供给的影响，且存在时滞，因此，农民、第三方和县乡政府之间存在另一层博弈，构成三方动态博弈。在三方动态博弈中，县乡政府的策略为“投入”和“不投入”；农民的策略为“参与”和“不参与”；而第三方则根据农民合作意愿和县乡政府公共物品提供情况，采取“投资”和“不投资”策略。

各方的收益矩阵如表5-4和表5-5所示。表5-4为中央政府和县乡政府之间博弈的支付矩阵，表5-5为县乡政府、农民和第三方动态博弈的支付矩阵。

如表5－4所示，R表示中央政府提供的农村公共物品支出，也即县乡政府获得的农村公共物品供给的转移支付；X表示县乡政府由于采取虚报策略所获得的额外转移支付资金量；NX表示中央政府通过督查发现虚报农村公共物品而对县乡政府采取的N倍罚款数量；T表示中央政府的财政总收入；C为中央政府实施督查策略而额外支出的成本，不督查则没有该项费用支出。

表5－4　中央政府与县乡政府之间博弈的支付矩阵

		中央政府	
	策略	督查	不督查
县乡政府	虚报	$R-NX$，$T-(R-NX)-C$	$R+X$，$T-(R+X)$
	不虚报	R，$T-R-C$	R，$T-R$

如表5－5所示，县乡政府在收到中央政府用于农村公共物品供给的转移支付后，可以采取两种策略，即“投入”和“不投入”。投入农村公共物品供给，则可以增加县乡政府的公信力及社会认同感，收益为R_1，付出的投入成本为C_1；不投入时，公信力及社会认同感缺失，带来的损失为$-W_1$。V_1和U_1分别表示农民、第三方参与投资农村公共物品供给给县乡政府带来的额外收益。

对农村居民而言，其以村民委员会为组织，通过“一事一议”的方式参与农村公共物品供给。在此过程中如果农民采取参与策略，则支出成本为C_2，获得收益为R_2；如果农民采取不参与策略，则带来机会成本损失$-W_{21}$。而$-W_{22}$表示由于第三方参与农村公共物品供给，农村居民可能要放弃一部分收益，损失即为该值。

对第三方而言，其参与投资农村公共物品供给，所获得收益为R_3，支出成本为C_3，从农民处获得的额外收益为W_{22}。如果采取不投资策略，则造成的形象损失为W_3。

表5－5　三方博弈的支付矩阵

策略组合	县乡政府	农村居民	第三方
投入，参与，投资	$R_1-C_1+V_1+U_1$	$R_2-C_2-W_{22}$	$R_3-C_3+W_{22}$
投入，参与，不投资	$R_1-C_1+V_1$	R_2-C_2	$-W_3$
投入，不参与，投资	$R_1-C_1+U_1$	$-W_{21}$	R_3-C_3

续表

策略组合	县乡政府	农村居民	第三方
投入，不参与，不投资	$R_1 - C_1$	W_{21}	$-W_3$
不投入，参与，投资	$V_1 + U_1 - W_1$	$-C_2 - W_{22}$	$R_3 - C_3 + W_{22}$
不投入，参与，不投资	$V_1 - W_1$	$-C_2$	$-W_3$
不投入，不参与，投资	$U_1 - W_1$	0	$R_3 - C_3$
不投入，不参与，不投资	$-W_1$	0	$-W_3$

（二）中央政府与县乡政府博弈均衡

在农村公共物品供给方面，中央政府与县乡政府构成委托代理关系。对县乡政府而言，严格执行中央政府的政策决定，既能提高政府的公信力，也对官员的晋升具有激励效应。但由于信息不对称，县乡政府有动机在获取地方利益的同时，更加偏重政绩考核层面的资金支出，有可能虚报农村公共物品的实际需求量，在取得了项目资金后，不真正将其投入到农村公共物品的供给之中，而是用于形象工程等。因此，中央政府就有可能采取“督查”或“不督查”策略，对农村公共物品的供给情况进行考察。

从表 5 -4 可以看出，若县乡政府采取虚报策略，那么中央政府的最优策略是督查；若县乡政府不虚报，则中央政府的最优策略是不督查。反之，当中央政府采取督查策略时，县乡政府的对应策略是不虚报；中央政府不督查时，县乡政府更倾向采取虚报策略。因此，二者相互博弈的纳什均衡策略是（不虚报，不督查）。分析显示，造成这一均衡的关键因素在于中央政府对县乡政府虚报采取的惩罚力度的大小，惩罚力度越大，约束县乡政府虚报行为越有力。

（三）三方博弈均衡

根据表 5 -5 给出的支付矩阵，进一步分析县乡政府、农民和第三方的三方动态博弈均衡解。设县乡政府选择“投入”策略的概率为 P_1，选择“不投入”策略的概率则为 $1 - P_1$；农民“参与”农村公共物品供给的概率为 P_2，“不参与”的概率为 $1 - P_2$；第三方选择“投资”策略的概率为 P_3，选择“不投资”的概率为 $1 - P_3$。

1. 县乡政府的复制动态方程

县乡政府选择“投入”策略的预期收益为 π_{11}，选择“不投入”策略的

预期收益为 π_{12}，总的预期收益为 π_1，则有：

$$\pi_{11} = P_2P_3(R_1 - C_1 + V_{+}U_1) + P_2(1 - P_3)(R_1 - C_1 + V_1) + (1 - P_2)P_3(R_1 - C_1 + U_1) + (1 - P_2)(1 - P_3)(R_1 - C_1) = P_2V_1 + P_3U_1 + (R_1 - C_1)(2P_3 - 2P_2P_3 + 1)$$

$$\pi_{12} = P_2P_3(V_1 + U_1 - W_1) + P_2(1 - P_3)(V_1 - W_1) + (1 - P_2)P_3(U_1 - W_1) - (1 - P_2)(1 - P_3)W_1 = P_2V_1 + P_3U_1 - W_1(2P_2 - 2P_2P_3 + 1)$$

$$\pi_1 = P_1[P_2V_1 + P_3U_1 + (R_1 - C_1)(2P_3 - 2P_2PP_3 + 1)] + (1 - P_1)[P_2V_1 + P_3U_1 - W_1(2P_2 - 2P_2P_3 + 1)]$$

根据复制动态方程的基本公式 $P_1 = P_1$（$1 - P_1$）（$\pi_{11} - \pi_{12}$），得出县乡政府“投入”农村公共物品供给的复制动态方程：

$$F(P_1) = P_1(1 - P_1)[(R_1 - C_1)(2P_3 - 2P_2P_3 + 1) + W_1(2P_2 - 2P_2P_3 + 1)] \quad (5 - 1)$$

由式(5 - 1)可得,当 $P_3 = \dfrac{R_1 - C_1 + W_1(1 + 2P_2)}{2[P_2W_1 - (1 - P_2)(R_1 - C_1)]}$[其中,$P_2W_1 - (1 - P_2)(R_1 - C_1) > 0$]时,$F(P_1) \equiv 0$,此时的博弈处于稳定状态。

当 $P_3 \neq \dfrac{R_1 - C_1 + W_1(1 + 2P_2)}{2[P_2W_1 - (1 - P_2)(R_1 - C_1)]}$ 时,令 $F(P_1) = 0$,得到 $P_1 = 0$ 或 $P_1 = 1$ 两个稳定状态,进一步对复制动态方程求偏导,得到:

$$\frac{dF(P_1)}{dP_1} = (1 - 2P_1)[(R_1 - C_1)(2P_3 - 2P_2P_3 + 1) + W_1(2P_2 - 2P_2P_3 + 1)]$$

此时,分两种情况讨论:

第一，当 $P_3 > \dfrac{R_1 - C_1 + W_1(1 + 2P_2)}{2[P_2W_1 - (1 - P_2)(R_1 - C_1)]}$ 时，$\left.\dfrac{dF(P_1)}{dP_1}\right|_{P_1=1} < 0$，$\left.\dfrac{dF(P_1)}{dP_1}\right|_{P_1=0}$,所以 P_1 是动态平衡点,对县乡政府而言,农村公共物品供给的演化均衡的博弈策略为“投入”。

第二，当 $P_3 < \dfrac{R_1 - C_1 + W_1(1 + 2P_2)}{2[P_2W_1 - (1 - P_2)(R_1 - C_1)]}$ 时，$\left.\dfrac{dF(P_1)}{dP_1}\right|_{P_1=1} > 0$，$\left.\dfrac{dF(P_1)}{dP_1}\right|_{P_1=0} < 0$,此时 P_1 是均衡点,即县乡政府在农村公共物品供给中选择“不投入”作为演化博弈的均衡策略。

2. 农民的复制动态方程

农民选择“参与”策略的预期收益为 π_{21},选择“不参与”策略的预期收益为 π_{22},总的预期收益为 π_2,则有:

$$\pi_{21} = P_1P_3(R_2 - C_2 - W_{22}) + P_1(1 - P_3)(R_2 - C_2) + (1 - P_1)P_3(-C_2 - W_{22}) +$$

$$(1-P_1)(1-P_3)(-C_2)=P_1-R_2-P_3W_{22}$$

$$\pi_{22}=P_1P_3(-W_{21})+P_1(1-P_3)(-W_{21})=-P_1W_{21}$$

$$\pi_2=P_2(P_1-R_2-P_3W_{22})+(1-P_2)(-P_1W_{21})$$

进一步得到农民“参与”农村公共物品供给的复制动态方程：

$$F(P_2)=P_2(1-P_2)(P_1-R_2-P_3W_{22}+P_1W_{21}) \tag{5-2}$$

式(5－2)中，当$P_1=\dfrac{R_2+P_3W_{22}}{1+W_{21}}$时，$F(P_2)\equiv 0$，此时得到的博弈处于稳定状态。当$P_1\neq\dfrac{R_2+P_3W_{22}}{1+W_{21}}$时，令$F(P_2)=0$，得到$P_2=0$或$P_2=1$两个稳定状态，进一步对复制动态方程求偏导，得到：

$$\frac{\mathrm{d}F(P_2)}{\mathrm{d}P_2}=(1-2P_2)(P_1-R_2-P_3W_{22}+P_1W_{21})$$

进一步，分两种情况讨论：

第一，当$P_1>\dfrac{R_2+P_3W_{22}}{1+W_{21}}$时，$\left.\dfrac{\mathrm{d}F(P_2)}{\mathrm{d}P_2}\right|_{P_2=1}<0$，$\left.\dfrac{\mathrm{d}F(P_2)}{\mathrm{d}P_2}\right|_{P_2=0}>0$，$P_2=1$，所以$P_2=1$是动态平衡点，对农民而言，农村公共物品供给的演化均衡的博弈策略为“参与”。

第二，当$P_1<\dfrac{R_2+P_3W_{22}}{1+W_{21}}$时，$\left.\dfrac{\mathrm{d}F(P_2)}{\mathrm{d}P_2}\right|_{P_2=1}>0$，$\left.\dfrac{\mathrm{d}F(P_2)}{\mathrm{d}P_2}\right|_{P_2=0}<0$，此时$P_2=0$是均衡点，即农民在农村公共物品供给中选择“不参与”作为演化博弈的均衡策略。

3. 第三方的复制动态方程

第三方选择“投资”策略的预期收益为π_{31}，选择“不投资”策略的预期收益为π_{32}，总的预期收益为π_3，则有：

$$\pi_{31}=P_1P_2(R_3-C_3+W_{22})+P_1(1-P_2)(R_3-C_3)+(1-P_1)P_2(R_3-C_3+W_{22})+(1-P_1)(1-P_2)(R_3-C_3)=R_3-C_3+P_2W_{22}$$

$$\pi_{32}=-W_3$$

$$\pi_3=P_3(R_3-C_3+P_2W_{22})+(1-P_3)(-W_3)$$

进一步得到第三方的复制动态方程：

$$F(P_3)=P_3(1-P_3)(R_3-C_3+P_2W_{32}+W_3) \tag{5-3}$$

从式(5－3)可以得到，当$P_2=\dfrac{C_3-R_3-W_3}{W_{22}}$时，$F(P_3)\equiv 0$，此时各方博弈

处于稳定状态。当 $P_2 \neq \frac{C_3 - R_3 - W_3}{W_{22}}$ 时，令 $F(P_3) = 0$，得到 $P_3 = 0$ 或 $P_3 = 1$ 两个稳定状态，进一步对复制动态方程求偏导，得到：

$$\frac{\mathrm{d}F(P_3)}{\mathrm{d}P_3} = (1 - 2P_3)(R_3 - C_3 + P_2 W_{22} + W_3)$$

进一步，分两种情况讨论：

第一，当 $P_2 > \frac{C_3 - R_3 - W_3}{W_{22}}$ 时，$\left.\frac{\mathrm{d}F(P_3)}{\mathrm{d}P_3}\right|_{P_3=1} < 0$，$\left.\frac{\mathrm{d}F(P_3)}{\mathrm{d}P_3}\right|_{P_3=1} > 0$，所以 $P_3 = 1$ 是动态平衡点，对第三方而言，农村公共物品供给的演化均衡的博弈策略为"投资"。

第二，当 $P_2 < \frac{C_3 - R_3 - W_3}{W_{22}}$ 时，$\left.\frac{\mathrm{d}F(P_3)}{\mathrm{d}P_3}\right|_{P_3=1} > 0$，$\left.\frac{\mathrm{d}F(P_3)}{\mathrm{d}P_3}\right|_{P_3=1} < 0$，此时 $P_3 = 0$ 是均衡点，即第三方在农村公共物品供给中选择"不投资"作为演化博弈的均衡策略。

通过以上对各方演化博弈均衡解的求解过程可以看出，无论是县乡基层政府、农民，还是第三方，在农村公共物品供给过程中的策略选择，都不是固定地收敛于某一个稳定策略集合，而是受到彼此博弈策略选择的影响。即使是县乡政府，也会考虑农民和第三方在农村公共物品供给中的行为，而非仅仅依靠上级行政命令得到稳定的均衡策略。当某一个随机因素发生改变时，虽然存在政策效果时滞，但是总会对其他方的策略选择产生影响，并且这种影响在三者之间是相互的。具体而言，假设县乡政府在农村公共物品供给方面的初始策略为"投入"，而且伴随概率 P_1 越大，那么对农民而言，越倾向于选择"参与"的策略；当农民"参与"策略的伴随概率 P_2 逐渐接近于 1 时，第三方选择"投资"的概率 P_2 也就越接近于 1，（投入，参与，投资）策略集合的演化均衡越容易实现。

四、主要结论与原因分析

（一）主要结论

通过以上对中央政府、省级政府、县乡政府、农民以及第三方在供给过程中的博弈分析，可以得到以下结论：

第一，中央政府是供给的首要主体，省级政府兼具传递者和供给者双重身份，县乡政府则是最需要依靠的执行者。因此，要完善供给渠道，提高供给效率，首先要建立涵盖中央政府主导，省级政府因地施策，县乡政府积极配合，农民积极参与，第三方必要补充的多元化公共物品供给机制。

第二，为了充分发挥农民和第三方的积极性，县乡政府需要逐步增加供给的“投入”，建立健全完善的县乡政府、农民及第三方的供给合作机制；积极鼓励农民根据自身实际需要“参与”供给，努力减轻农民的负担并降低成本；第三方要在符合农民意愿的情况下，在尽量减小农民遭受损失风险的公共物品领域进行积极“投资”，参与供给。

第三，基于中央政府和基层政府博弈均衡解的非收敛性，政府需要明确各级组织的财权和事权，同时积极完善上级政府对基层政府的供给监管机制，提高农村公共物品的供给效率；就基层政府和农民博弈而言，建议基层政府将农村公共物品供给的资金来源和全部开支公开化、透明化，确保农民筹资的积极性和基层政府的公信力，促进农村经济又快又好发展。

（二）原因分析

从行为主体的制度性约束看，得出上述结论的主要原因包括以下几个方面：

第一，存在政府追求公共利益的外部压力与自身利益最大化的内在动力之间的矛盾。一方面，各级政府具有获得公共利益的外部压力。穆内尔（Munnel，1990）和范等（Fan et al，2002）研究指出，公共物品投资对农业生产具有促进作用。卡尔德隆和赛文（Calderon and Serven，2004）研究提出，基础设施数量增加与质量提高在经济落后地区能够显著缩小城乡收入分配的差距。中国社会的二元经济结构在公共物品供给方面的表现是，城市基础设施的发达与农村基础设施的落后。所以，增加中国农村公共物品的投资将有助于促进农村经济的全面发展。另一方面，各级政府追求自身利益最大化。首先，政府官员大多由上级政府任命，政绩是考核的重要指标。政府官员为了获取政绩以及出于利益的考虑，即便财力不足，也会大搞形象工程和政绩工程。其次，农村公共物品的层次性和地域性能够影响不同层级政府的支出和事权。政府具有内在动力去追求利益最大化，争取更多的事权和财权。以上利益驱使政府在财政资金不足的情况下，以行政命令的方式强制推行多元主体的农村公共物品供给，这显然难以实现预期目标。

第二，“一事一议”财政奖补制度促进公共物品投资的效应尚需评估。2011 年“一事一议”财政奖补制度在全国范围的推广实施，弥补了农村公共物品供给制度的空白。但是，该制度对促进农村公共物品供给的实际效果，尚存在争议。有的学者认为，该制度的设计在一定程度上能够获得农村居民的公共物品需求偏好，加之上级财政奖补制度的合理安排，能够缓解农村公共物品资金筹集压力，促进农村社会的发展，但供给机制的贡献度较小，并且“一事一议”的制度交易成本高、不确定性大（余丽燕，2015；李秀义、刘伟平，2016）。也有学者认为，“一事一议”制度存在显著的空间溢出效应，能够解决农村各地区间供给的不均衡、不充分问题（陈硕、朱琳，2015）。从本质而言，现行的“一事一议”制度，不同于以往的“一事一议”筹资筹劳制度，是在此基础上新增上级政府的“财政奖补”而形成的。“一事一议”财政奖补政策的实施过程也是上级政府支持、村委会组织和村民参与的博弈过程。上级政府的行动策略为奖补或不奖补，鼓励农村地区之间开展竞争，对符合条件的农村公共物品需求提供资金支持或奖励，奖补规模依据村集体上报、县乡分级审核和省市级备案，一般而言，省财政奖补比例为70%，市县财政为30%（以辽宁省为例）。对村委会（具体指村干部）而言，行动策略为组织或不组织，村干部兼具双重身份，既是“一事一议”筹资筹劳阶段的博弈者，也是“一事一议”财政奖补阶段的博弈者，并且先进行前者，才能参与后者。如果通过组织“一事一议”获得了上级财政奖补，则既增加了村干部的政绩，也增加了村干部的其他收益。因此，从理论上而言，“一事一议”财政奖补制度会更加激励村委会干部组织开展“一事一议”筹资筹劳活动。对村民而言，行动策略为参与或不参与，村民参与的主要是“一事一议”筹资筹劳环节，能够促成村民参与的唯一动力是村民获得的收益大于0，然而，集体行动能够充分达成共识的不确定性很大，因此，村民的参与策略是影响“一事一议”财政奖补制度实施的最关键因素。此外，制定“一事一议”财政奖补制度的最初目的是满足村级公共物品建设资金的需求，但同时也带来了村庄之间对“一事一议”财政奖补资金的竞争，造成虚报、走关系等现象，因此，“一事一议”财政奖补制度的实施效果仍待进一步考察。

第三，事权划分不合理导致部分公共物品的供给主体错位。根据受益范围的大小，农村公共物品可以分为全国性、地方性以及跨区域性公共物品。基于财政分权理论，全国性公共物品由中央提供，地方性公共物品由地方提供，跨区域性公共物品由中央和地方共同提供或几个区域联合提供。但是，就目前而言，中央和地方政府在供给责任方面存在划分不合理的现象。同时，乡镇政府的事权大于财权，承担着供给支出。以农村的义务教育问题为例，由于人口流动越来越频繁，由乡镇财政供给的农村义务教育的效益越来越多地外溢到其他地市，却没有因相应横向或纵向的转移支付而获得补偿。这就造成了越是经济欠发达的、财力匮乏的乡镇，承担农村教育成本的压力越大的现象，从而使其难以摆脱贫困，形成恶性循环。

第四，供给渠道单一造成农民对供给多样性的要求无法得到满足。在现行的供给体制下，私人投资因受到政府政策以及产权界定的影响，很难大规模进入供给领域，政府仍为单一供给主体。政府机构具有的“经济人”特性又决定了其主导供给并不一定是最有效率的。长期以来，中国乡镇财政资源的使用效率一直受到社会各方的质疑，最主要的原因就是乡镇财政支持的公共物品供给的透明度普遍较低，农村公共物品供给缺少监督机制，乡镇行政机构臃肿且腐败现象较严重，导致农村公共物品供给的成本明显偏高。农村税费改革以后，尽管进行了乡镇合并和机构精简、人员调整的改革，但效率不高的问题并没有得到解决。受资金的限制，政府提供的公共物品质量不高且数量有限，与农民对公共物品的需求难以一致。这不仅会影响中国农村经济的发展，也容易让农民产生抵触情绪。

第六章　基于小康目标的中国农村公共物品供给计量分析

第一节　多元回归模型

一、模型构建

随着经济社会的快速发展，城乡居民实际可支配收入均得到较快的增长，但农村居民收入水平的绝对增长和相对增长均小于城镇居民，在一定程度上反映出中国的城乡收入差距在扩大。缩小城乡收入差距的关键在于加速提升农村居民的收入水平，使农村居民的纯收入增加快于城镇居民可支配收入的增长。由于农村居民受到自身发展条件和能力的限制，所以政府提供的公共物品对于促进农村居民收入水平的提高发挥了重要的作用。在目前中国供给侧结构性改革的背景下，农村公共物品供给是否存在短缺或不足，特别是农村基础设施投入、农村基础教育投入以及农村医疗卫生投入等与农村居民生产和生活密切相关的农村公共物品供给状况，直接影响着全面小康社会目标的实现。党的十九大再次重申了2020年中国实现全面小康社会目标，而其中的关键在于农民特别是贫困地区农民的小康。

从本书的研究目的出发，考虑到数据资料的可得性，笔者将所研究的农村公共物品主要限定为农村基础设施、农村基础教育以及农村医疗卫生，而农村居民小康目标则以农村居民人均纯收入水平进行衡量。为了深入揭示农村基础设施、农村基础教育及农村医疗卫生等农村公共物品的供给在提高农村居民人均纯收入中的作用，本书利用上述指标的时间序列数据，构建计量模型进行实证分析。计量模型为：

$$\ln Y_t = \alpha + \beta_1 \ln X_{1t} + \beta_2 \ln X_{2t} + \beta_3 \ln X_{3t} + \varepsilon_t$$

式中，$\ln Y_t$ 表示第 t 期的农村居民人均纯收入的对数；$\ln X_{1t}$ 表示第 t 期的农村基础设施投入的对数;$\ln X_{2t}$ 表示第 t 期的农村基础教育投入的对数;$\ln X_{3t}$ 表示第 t 期的农村医疗卫生投入的对数;β_1、β_2 和 β_3 分别为相应的回归系数;ε_t 表示随机误差项,均值为零,方差为常数。

二、数据说明与分析

由于农村公共物品供给的统计数据存在缺失，在借鉴已有研究的基础上，结合本书农村公共物品的研究重点，对缺失的数据进行填补，以全面且系统地分析农村公共物品供给对农村居民人均纯收入的影响。本书主要变量的指标选取如下：

农村居民人均纯收入直接取自国家统计局公布的农村居民人均纯收入水平指标，并采用以 2010 年为基期的农村居民消费价格指数进行平减。农村居民人均纯收入作为农村小康目标的主要经济指标，能全面和系统地反映农村居民的生活水平和状况，以此作为本计量模型的被解释变量。

农村基础设施投入为国家财政对农田水利和农村道路交通的投入，因道路交通投入并未具体分城乡，所以本书采用国家财政对农田水利等相关项目的投入进行衡量。依据国内生产总值和国内生产总值指数测算出 GDP 平减指数，农村基础设施投入采用以 2010 年为基期的 GDP 平减指数进行缩减后的实际量。所有数据均来源于《中国统计年鉴》和《中国财政统计年鉴》数据库。

农村基础教育投入采用全国（包括中央和地方）对农村小学和初中的教育经费投入进行衡量，均以 2010 年为基期的 GDP 平减指数进行平减。《中国教育经费统计年鉴》从 1996 年开始统计公布，在小学和初中教育经费投入中，单独列出了农村地区的小学和初中的教育经费投入。但 1996 年以前，小学和初中教育经费投入并没有明确区分城镇和农村地区，本书在借鉴已有相关研究的基础上，利用全国教育经费投入数据，以农村基础教育学生数占总学生数的比重作为权重，对 1996 年以前的农村基础教育投入的数据进行测算。所有数据均来源于《中国统计年鉴》《中国教育统计年鉴》《中国教育经费统计年鉴》数据库。

农村医疗卫生投入采用以 2010 年为基期的 GDP 平减指数进行平减后的农村医疗卫生实际总经费投入进行衡量。医疗卫生总经费的来源主要有三种，即政府卫生经费、社会卫生经费和个人卫生经费。医疗卫生总经费又有城市和农村之分，而城市医疗卫生总经费统计得较为全面。因此，1989 年以前的农村医疗卫生总经费依据城市医疗卫生总经费获得。所有关于医疗卫生总经费的数据均来源于《中国卫生和计划生育统计年鉴》数据库。

上述各指标时间序列取值区间均为 1978—2015 年，通过对各变量进行测算及对数处理，绘制和整理出各变量的变动趋势和描述性统计性质，如图 6－1 和表 6－1 所示。

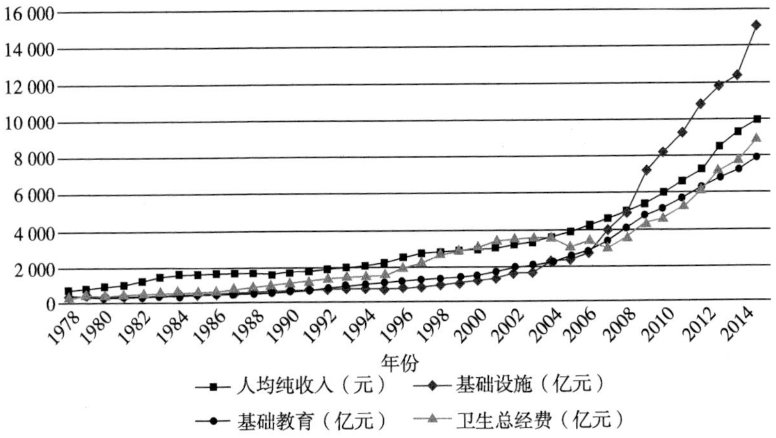

图 6－1　各变量的变动趋势（2010 年价格）

表 6－1　各变量的描述性统计性质

变　量	均　值	中位数	标准差	最小值	最大值
$\ln Y_t$	7.855	7.842	0.685	6.546	9.204
$\ln X_{1t}$	7.207	6.700	1.176	5.892	9.626
$\ln X_{2t}$	7.106	7.055	1.076	5.238	8.971
$\ln Y_{3t}$	7.424	7.600	1.002	5.635	9.097

由图 6－1 和表 6－1 可知，随着时间的变动，农村居民人均纯收入与农村公共物品供给（农村基础设施投入、农村基础教育投入和农村医疗卫生投入）均呈现出增长的趋势，增速呈先慢后快的变动态势，且整体走势较为相近。这意味着，农村居民人均纯收入与农村公共物品供给的增长存在着一定的内在联系。各变量的中位数与均值相差不大，标准差位于 1 附近，说明对各变量进行对数处理是合理和必要的。

三、实证分析

依据各类统计年鉴的数据资料，本书选用1978—2015年的时间序列数据，就农村基础设施投入、农村基础教育投入以及农村医疗卫生投入对农村居民人均纯收入的影响进行实证分析。本书采用STATA13.1软件，选用较为前沿的计量经济学分析方法进行实证研究。

因本书选用时间序列数据进行分析，先对各变量进行平稳性检验，以防止伪回归问题。本书选用ADF平稳性检验方法对各变量的平稳性进行检验，各变量的ADF平稳性检验结果如表6-2所示。

表6-2 各变量的ADF平稳性检验结果

变量	形式 (*C*, *T*, *P*)	检验值	1%	5%	10%	平稳性
$\ln Y_t$	(C, T, 0)	0.049	-3.668	-2.966	-2.616	不平稳
$\Delta\ln Y_t$	(C, T, 1)	-3.491***	-3.675	-2.969	-2.617	平稳
$\ln X_{1t}$	(C, T, 0)	2.981	-3.668	-2.966	-2.616	不平稳
$\Delta\ln X_{1t}$	(C, T, 1)	-4.520***	-3.675	-2.969	-2.617	平稳
$\ln X_{2t}$	(C, T, 0)	-0.154	-3.668	-2.966	-2.616	不平稳
$\Delta\ln X_{2t}$	(C, T, 1)	-5.298***	-3.675	-2.969	-2.617	平稳
$\ln X_{3t}$	(C, T, 0)	-0.692	-3.668	-2.966	-2.616	不平稳
$\Delta\ln X_{3t}$	(C, T, 1)	-4.860***	-3.675	-2.969	-2.617	平稳

注：①（*C*, *T*, *P*）表示检验的函数形式，其中*C*表示常数项，*T*表示时间趋势项，*P*表示滞后阶数；

②***、**、*分别表示1%、5%、10%的显著性水平。

由表6-2中的平稳性检验结果可知，各变量的原序列在1%的显著性水平上均是不显著的，说明各变量的原序列均是非平稳的。而各变量的一阶差分序列在1%的显著性水平上均是显著的，说明各变量的一阶差分序列均是平稳序列，即I（1）变量。这就意味着，在所有变量均是I（1）变量的情况下，对模型进行多元回归分析不会出现伪回归问题。

为提高估计系数的有效性和一致性，均采用稳健的标准误进行多元回归分析，以实证检验农村基础设施投入、农村基础教育投入以及农村医疗卫生投入对农村居民人均纯收入的影响程度。实证回归结果如表6-3所示。

表 6-3 模型的实证回归结果

变量	(1)	(2)	(3)	(4)	(5)
$\ln X_{1t}$	-0.012				
	(0.076)				
$L\ln X_{1t}$		-0.071	0.206***	0.206	0.206***
		(0.076)	(0.055)	(0.075)	(0.075)
$\ln X_{2t}$	0.659***	0.515***	0.270***	0.270**	0.270**
	(0.143)	(0.132)	(0.099)	(0.115)	(0.114)
$\ln X_{3t}$	-0.016	0.041	0.157***	0.157**	0.157**
	(0.067)	(0.082)	(0.071)	(0.056)	(0.066)
cons	3.380***	3.391***	3.318***	3.318***	3.318***
	(0.153)	(0.159)	(0.138)	(0.223)	(0.235)
F-test	439.58***	448.78***	774.35***	306.09***	287.00***
	(0.000)	(0.000)	(0.000)	(0.000)	(0.000)
R^2	0.983 7	0.983 7	0.984 7		
MSE	0.091 3	0.087 8	0.066 5		
N	38	37	37	37	37

注：①括号中的数值为稳健的回归标准误；

②***、**、*分别表示1%、5%、10%的显著性水平。

由表6-3的实证回归结果发现：

在回归结果（1）中，农村基础设施投入对农村居民人均纯收入的影响为负，且在5%的显著性水平上是不显著的，这可能与农村基础设施投入的滞后性有关。当前的农村基础设施投入可能不会对当期的农村居民人均纯收入产生显著的影响，但可能对下一期的农村居民人均纯产生产生显著影响。农村基础教育投入对农村居民人均纯收入的影响很大，且在1%的显著性水平上高度显著。这意味着，随着农村基础教育投入的增加，农村居民可以具有获得更好更多的基础教育，而农村居民受教育程度的提升使其具有获得较高收入水平的能力，可以起到提高其收入水平的作用。农村医疗卫生投入对农村居民人均纯收入的影响为负且不显著。这可能与农村基础设施投入、农村基础教育投入和农村医疗卫生投入之间存在较高的相关性有关，也可能与模型存在异方差或自相关性有关。因此，以上一期的农村基础设施投入代替当前农村基础设施投入进行回归分析，即得到回归结果（2）。

在回归结果（2）中，上一期的农村基础设施投入对当期的农村居民人均纯收入的影响为正，同时农村医疗卫生投入对农村居民人均纯收入的影响也变为正，但在5%的显著性水平上仍不显著。农村基础教育投入对农村居民人均纯收入的影响有所下降，但仍高度显著。这说明，上一期的农村基础设施投入的确对农村居民人均纯收入存在正影响，而农村基础设施投入和农村医疗卫生投入影响的不显著性可能是因为模型存在异方差和自相关问题。因此，对回归结果（2）进行异方差检验和自相关检验，怀特异方差检验值为18.75，在5%的显著性水平上拒绝原假设，说明模型存在异方差问题；BG检验和DW检验均在5%的显著性水平上拒绝原假设，说明模型也存在自相关问题。首先对模型进行加权最小二乘法处理异方差问题，处理后的估计结果为（3）。由回归结果（3）可知，上一期的农村基础设施投入、农村基础教育投入和农村医疗卫生投入对农村居民人均纯收入的影响均显著为正，且联合显著性检验、模型的整体拟合优度以及回归标准误均有明显改善，说明对模型进行异方差处理是有效的。在此基础上，采用Newey－West估计方法对自相关问题进行处理，取滞后阶数为2和3进行Newey－West估计，回归结果分别为（4）和（5）。因回归结果（4）和（5）的标准误变化不大，说明估计结果比较稳健。因此，本书重点就回归结果（5）进行深入分析。

对模型进行修正和处理之后的回归结果为：

$$\ln Y_t = 3.318 + 0.206\ln X_{1t-1} + 0.270\ln X_{2t} + 0.157\ln X_{3t}$$

由回归结果（5）发现：上一期的农村基础设施投入对当期的农村居民人均纯收入的影响在5%的水平上显著为正，当上一期农村基础设施投入提高1%时，当期农村居民人均纯收入将提高0.206%。农村基础设施投入的增加，说明农村的外部环境得到不断的优化，农村居民的生产和生活的基础条件得到改善，这有利于提升农业生产力，进而提高农村居民的人均纯收入水平。农村基础教育投入对农村居民人均纯收入的影响系数为0.27，且在1%的水平上统计显著，说明当农村基础教育投入提高1%时，农村居民人均纯收入将提高0.27%。农村基础教育投入的增加，说明农村的教育条件和环境持续改善，基础教育在农村得到不断巩固和普及，提高了农村居民的受教育水平，而受教育水平的提高不仅有利于农业科技在生产实践中的应用，也可以有效地增加农民的就业机会和提高工作的稳定性，进而提高农村居民的人均纯收入水平。从实证分析结果也可以看出，农村基础教育投入对农村居民人均纯收入的影响程度最大。农村医疗卫生投入对农村居民人均纯收入的影响在1%的水平上显著为正，当农村医疗卫生投入提高1%时，农村居民人均纯收入将提高0.157%。农村医疗卫生投入的增加，意味着农村地区的医疗卫生条件将逐渐改善，可以为农民提供更多的医疗卫生服务，从而提高农村居民的健康水平，减少因病返贫的风险，这些都有利于提升农村居民的人均纯收入。

综上所述，农村基础设施投入、农村基础教育投入以及农村医疗卫生投入等农村公共物品供给的增加，的确可以有效地提升农村居民的人均纯收入水平。农村基础设施投入对农村居民人均纯收入的影响存在滞后性，农村基础教育投入对农村居民人均纯收入的影响程度最大，农村医疗卫生投入对农村居民人均纯收入的影响程度较为间接。

第二节　格兰杰因果检验与分析

在上述多元回归分析的基础上，利用格兰杰（Granger）因果检验对农村居民人均纯收入与农村基础设施投入、农村基础教育投入以及农村医疗卫生投入之间的关系进行成因分析。依据AIC和SIC最小化信息准则，确定最优的滞后阶数为6。在对系统进行平稳性检验后发现，所有的单位根均在单位圆内，说明系统是平稳的。在系统具有平稳性的条件下，对农村居民人均纯收入与农村基础设施投入、农村基础教育投入以及农村医疗卫生投入之间进行格兰杰因果关系检验，检验结果如表6－4所示。

表6－4　格兰杰因果关系检验结果

原假设	滞后阶数	F值	P值	结论
$\ln X_{1t}$不是$\ln Y_t$的格兰杰成因	6	44.663	0.000	拒绝
$\ln Y_t$不是$\ln X_{1t}$的格兰杰成因	6	2.967	0.085	无法拒绝
$\ln X_{2t}$不是$\ln Y_t$的格兰杰成因	6	5.886	0.015	拒绝
$\ln Y_t$不是$\ln X_{2t}$的格兰杰成因	6	0.061	0.806	无法拒绝
$\ln X_{3t}$不是$\ln Y_t$的格兰杰成因	6	7.439	0.006	拒绝
$\ln Y_t$不是$\ln X_{3t}$的格兰杰成因	6	3.611	0.062	无法拒绝

由格兰杰因果关系检验结果可知，农村基础设施投入不是农村居民人均纯收入的格兰杰成因在5%的显著性水平上拒绝原假设，说明农村基础设施投入是农村居民人均纯收入的格兰杰成因；而农村居民人均纯收入不是农村基础设施投入的格兰杰成因在5%的显著性水平上无法拒绝原假设，说明农村居民人均纯收入不是农村基础设施投入的格兰杰成因。农村基础教育投入不是农村居民人均纯收入的格兰杰成因在5%的显著性水平上拒绝原假设，说明农村基础教育投入是农村居民人均纯收入的格兰杰成因；而农村居民人均纯收入不是农村基础教育投入的格兰杰成因在5%的显著性水平上无法拒绝原假设，说明农村居民人均纯收入不是农村基础教育投入的格兰杰成因。农村医疗卫生投入不是农村居民人均纯收入的格兰杰成因在5%的显著性水平上拒绝原假设，说明农村医疗卫生投入是农村居民人均纯收入的格兰杰成因；而农村居民人均纯收入不是农村医疗卫生投入的格兰杰成因在5%的显著性水平上无法拒绝原假设，说明农村居民人均纯收入不是农村医疗卫生投入的格兰杰成因。

总之，农村居民人均纯收入与农村基础设施投入、农村基础教育投入以及农村医疗卫生投入之间存在单项的格兰杰成因关系，即农村基础设施投入、农村基础教育投入以及农村医疗卫生投入是农村居民人均纯收入的格兰杰成因，反之并不成立，也就意味着，农村基础设施投入、农村基础教育投入以及农村医疗卫生投入的变动将会引起农村居民人均纯收入的变动；同时也印证了我国农村公共物品供给的主要资金来源于政府，而非农村居民纯收入，或者说目前我国农村公共物品的供给主体是政府而非农村居民。

第三节　实现小康目标的中国农村公共物品供给缺口测算与分析

通过以上分析发现，农村基础设施投入、农村基础教育投入以及农村医疗卫生投入等农村公共物品供给的变动可以解释农村居民人均纯收入变动的98.47%，且农村基础设施投入、农村基础教育投入以及农村医疗卫生投入是农村居民人均纯收入的格兰杰成因。这就意味着，农村公共物品供给的增加的确可以提高农村居民人均纯收入。因此，通过模型可以预测农村居民人均纯收入水平和农村公共物品供给量（农村基础设施供给量、农村基础教育供给量以及农村医疗卫生供给量)，并在此基础上测算与小康目标的差距，进而分析小康目标下中国农村公共物品供给的缺口。

一、农村居民人均纯收入的预测

由表 6－2 可知，农村居民人均纯收入的一阶差分序列是平稳序列，而 *AR*－模型要求序列必须是平稳的。因此，本书在构建 *AR*－模型时采用农村居民人均纯收入对数的差分序列进行分析。通过自相关图和偏自相关图分析农村居民人均纯收入对数差分序列的特征，进而确定 *AR*－模型的滞后阶数。

依据农村居民人均纯收入对数差分序列的自相关图可知，一阶自相关系数和二阶自相关系数均在 5% 的水平上显著不为零，而其他自相关系数均为零，故应构建 *AR*（1）模型和 *AR*（2）模型来预测农村居民人均纯收入。模型分别为：

$$dlincome_t = \rho_0 + \rho_1 dilincome_{t-1} + \varepsilon_t$$

$$dlincome_t = \rho_0 + \rho_2 dlincome_{t-2} + \varepsilon_t$$

式中，$dlincome_t$ 表示农村居民人均纯收入对数差分序列；ε_t 表示均值为零、方差为常数的白噪声过程。

对 *AR*（1）模型与 *AR*（2）模型进行估计，估计结果如表 6－5 所示。

表 6－5　*AR*（1）模型和 *AR*（2）模型的回归结果

变量	*AR*（1）模型	*AR*（2）模型
A. AR	0.566***	
	(0.091)	
L2. AR		0.508***
		(0.179)
sigma	0.040***	0.042***
	(0.004)	(0.005)
cons	0.075***	0.075***
	(0.014)	(0.014)
Wald-Test	38.52***	8.10***
AIC	－126.146	－123.327
BIC	－121.314	－118.494
N	37	37

注：①括号中的数值为稳健的回归标准误；

②***、**、*分别表示 1%、5%、10% 的显著性水平。

AR（1）模型与*AR*（2）模型的*Wald*检验均在5%的水平上显著，说明模型是显著且有效的。*AR*（1）模型与*AR*（2）模型的*sigma*项和常数项的估计结果相差不大，且均在1%的水平上显著。依据AIC和BIC最小化信息准则，*AR*（1）模型的估计效果更好些。因此，本书将以*AR*（1）模型为基准对农村居民人均纯收入水平进行预测分析。

由*AR*（1）模型的估计结果可知，滞后一期的农村居民人均纯收入对数差分序列对农村居民人均纯收入对数差分序列的影响为0.566，且在1%的水平上显著。对*AR*（1）模型估计后的残差项进行滞后十阶的自相关检验（如图6－2所示），Q统计量的P值均大于5%，说明残差项不存在自相关问题。

LAG	AC	APC	Q	Prob>Q	[Autocorrelation]	[Partial Auticir]
1	−0.194 6	−0.194 5	1.517 5	0.218 0		
2	0.228 2	0.202 1	3.665 1	0.160 0		
3	0.121 8	0.218 4	4.294 9	0.231 3		
4	−0.046 1	−0.058 9	4.387 7	0.356 1		
5	−0.101 4	−0.227 9	4.851 6	0.434 3		
6	0.042 6	0.026 8	4.936 2	0.552 0		
7	−0.395 8	−0.383 3	12.473 0	0.086 1		
8	0.081 1	0.109 4	12.800 0	0.118 9		
9	−0.020 8	−0.188 2	12.822 0	0.170 8		
10	−0.280 1	−0.276 5	17.016 0	0.074 0		

图6－2　*AR*（1）模型残差项的自相关检验

利用*AR*（1）模型和*AR*（2）模型的估计结果，采用一步预测的方法，预测2016—2020年农村居民人均纯收入对数差分序列，进而测算出农村居民人均纯收入水平。具体的预测结果如表6－6所示。

表6－6　农村居民人均纯收入的预测值（2010年价格）

年份	*AR*（1）模型		*AR*（2）模型	
	增长率（%）	绝对值（元）	增长率（%）	绝对值（元）
2015	9.204	9 935.08	9.204	9 935.08
2016	9.277	10 691.72	9.286	10 785.33
2017	9.351	11 513.25	9.351	11 510.75
2018	9.426	12 402.31	9.430	12 457.29
2019	9.500	13 362.75	9.500	13 362.77
2020	9.575	14 399.19	9.577	14 434.18

由表6－6可知，*AR*（1）模型和*AR*（2）模型预测的农村居民人均纯收入的绝对值和增长率相差不大，但整体上看*AR*（2）模型的预测值略大于*AR*（1）模型的预测值。从2016—2020年农村居民人均纯收入的预测值来看，增长率和绝对值均呈稳定增长趋势，但增速较慢。2016—2010年农村居民人均纯收入的年均增长率为9.4%，这相对于经济新常态来说是一个较高的增长率。由上述模型分析可知，*AR*（1）模型的预测更为有效。因此，本书以*AR*（1）模型预测的农村居民人均纯收入为基准进行缺口分析。

二、农村公共物品供给的预测

由表6－2可知，农村基础设施投入、农村基础教育投入以及农村医疗卫生投入的一阶差分序列均为平稳序列，因此，以农村公共物品供给对数的差分序列构建*AR*－模型进行预测分析。通过农村公共物品供给的自相关图，确定*AR*－模型的滞后阶数分别为二阶、一阶和二阶。因此，分别构建*AR*（2）模型、*AR*（1）模型和*AR*（2）模型以预测农村基础设施投入、农村基础教育投入以及农村医疗卫生投入的供给量。各预测模型的回归结果如表6－7所示。

表6－7　农村公共物品供给预测模型的回归结果

变量	农村基础设施供给	农村基础教育供给	农村医疗卫生供给
L. AR		0.179**	
		(0.091)	
L2. AR	0.329**		0.269**
	(0.153)		(0.114)
sigma	0.106***	0.101***	0.072***
	(0.010)	(0.010)	(0.007)
cons	0.095***	0.048***	0.094***
	(0.025)	(0.006)	(0.019)
Wald－Test	4.59**	6.52***	5.59**
AIC	－54.776	－113.089	－83.168
BIC	－49.943	－108.256	－78.335
N	37	37	37

注：①括号中的数值为稳健的回归标准误；

②***、**、*分别表示1%、5%、10%的显著性水平。

由农村公共物品供给的预测模型可知，各模型的 *Wald* 检验均在 5% 的水平上显著，说明模型是显著且有效的。对各模型估计后的残差项进行滞后十阶的自相关检验，Q 统计量的 P 值均大于 5%，说明残差项不存在自相关问题。在此基础上，利用一步预测的方法，分别预测 2016—2020 年农村基础设施投入、农村基础教育投入以及农村医疗卫生投入的增长率和绝对值，并进行比较分析。具体的预测值如表 6－8 所示。

表 6－8　农村公共物品供给的预测值（2010 年价格）

年份	农村基础设施供给		农村基础教育供给		农村医疗卫生供给	
	增长率（%）	绝对值（元）	增长率（%）	绝对值（元）	增长率（%）	绝对值（元）
2016	9.707	16 427.86	9.066	8 659.19	9.186	9 764.24
2017	9.836	18 697.02	9.166	9 570.22	9.297	10 901.21
2018	9.927	20 470.06	9.267	10 582.16	9.389	11 960.92
2019	10.033	22 771.02	9.368	11 708.45	9.488	13 197.02
2020	10.127	25 009.58	9.469	12 955.41	9.581	14 493.04

由表 6－8 可知，农村基础设施投入、农村基础教育投入以及农村医疗卫生投入的增长率和绝对值均呈现出增长的趋势，2016—2020 年年均增长率分别为 9.9%、9.3% 和 9.4%，增长率均大于经济新常态下 6.5%～7% 的增长率，说明农村公共物品供给的增长率基本满足新常态下经济增长率的要求。

三、小康目标下农村公共物品供给缺口的预测

通过自回归模型预测出 2016—2020 年农村基础设施投入、农村基础教育投入以及农村医疗卫生投入等农村公共物品的供给量，再利用农村公共物品供给与农村居民人均纯收入的多元回归模型估计结果，测算出相应的农村公共物品供给量所能够达到的农村人均纯收入水平，如表 6－9 所示。由自回归模型预测出农村居民人均纯收入。简单比较发现，由预测的农村公共物品供给量代入多元回归模型测算的农村居民人均纯收入与农村居民人均纯收入自回归模型的预测值存在较大的差异。党的十八大将实现国内生产总值和城乡居民人均收入比 2010 年翻一番作为 2020 年全面小康目标。按此标准计算，2020 年农村居民人均纯收入应为 11 838 元（2010 年价格）；如果考虑缩小城乡居民纯收入水平差距的要求，则农村居民纯收入的增长还应快于城镇居民纯

收入的增长，即总和增长超过一番。以此为依据，本书将翻一番作为实现农村小康社会目标的最低标准，即低方案；而以农村居民人均纯收入自回归模型的预测值作为实现农村小康社会目标的最高标准，即高方案。测算出的农村公共物品供给缺口的预测值如表 6－9 所示。

表 6－9　小康目标下农村公共物品供给缺口的预测值（2010 年价格）

	人均纯收入（元）	基础设施投入（亿元）	基础教育投入（亿元）	医疗卫生投入（亿元）
2015 年实际值	9 935	15 150. 3	7 873. 32	8 929. 25
2016 年模型预测	9 809	16 427. 86	8 659. 19	9 764. 24
2017 年模型预测	10 426	18 697. 02	9 570. 22	10 901. 21
2018 年模型预测	11 164	20 470. 06	10 582. 16	11 960. 92
2019 年模型预测	11 871	22 771. 02	11 708. 45	13 197. 02
2020 年模型预测	12 655	25 009. 58	12 955. 41	14 493. 04
低方案：2010 年翻一番	11 838			
高方案：2020 年模型预测	14 399	31 710	15 791	17 814
与高方案的缺口	1 744	6 700	2 836	3 321
模型预测的年均增长率（%）		9. 9	9. 3	9. 4
达到高方案的增长率（%）		13. 1	12. 3	12. 2

由表 6－9 可知，由预测的农村公共物品供给量与多元回归模型测算的农村居民人均纯收入在 2020 年为 12 655 元，基本达到比 2010 年农村人均纯收入水平翻一番的小康目标，即满足实现农村小康社会目标的低方案要求。而农村居民人均纯收入的自回归模型的预测值为 14 399 元，在预测的农村公共物品供给量下尚无法达到这一人均纯收入水平，即预测的农村公共物品供给量难以满足实现农村小康社会目标的高方案要求。这说明，按现有农村公共物品供给的速度，在 2020 年可以实现农村小康社会的低方案；而农村地区要实现小康社会的高方案，就必须进一步增加农村公共物品供给量，以满足农村居民人均纯收入的较高增长需要。

从高方案来看，由预测的农村公共物品供给量与多元回归模型测算的农村居民人均纯收入在 2020 年为 12 655 元，与高方案的预测值 14 399 元相差 1 744元。这意味着，按现有的农村公共物品供给量的增长率测算的结果，仍与高方案所要求的农村公共物品供给量之间存在较大的缺口。经测算，为达到高方案的农村居民人均纯收入水平，农村基础设施投入、农村基础教育投入以及农村医疗卫生投入分别按 13.1%、12.3% 以及 12.2% 的增长率进行供给，才能补足与高方案之间的 6 700 亿元、2 836 亿元以及 3 321 亿元的缺口。从农村公共物品供给的缺口来看，农村基础设施投入存在较大的缺口，说明农村地区基础设施仍面临着建设不完善和投入不足等问题，也反映出农村基础设施投入对农村居民人均纯收入的拉动作用较小；农村基础教育投入缺口最小，说明农村基础教育投入逐渐增加，也反映出农村居民受教育水平的提升在提高农村居民人均纯收入中的重要作用；随着医疗卫生条件的改善，农村地区的医疗卫生状况也得到较大的提高，但农村医疗卫生投入仍存在一定的缺口，说明在实现农村小康的过程中应继续加大医疗卫生的投入。农村公共物品供给缺口的预测与多元回归模型分析的结果相一致，在一定程度上也反映出本书所构建模型的稳健性和有效性。

综上所述，随着经济的发展，农村居民人均纯收入水平也得到了较快的提升，但与农村地区小康目标相比，仍存在一定的差距。同时，农村基础设施投入、农村基础教育投入以及农村医疗卫生投入等农村公共物品供给在提升农村居民人均纯收入中发挥着重要作用，即一单位农村居民人均纯收入的提高，将由不同单位的农村基础设施投入、农村基础教育投入以及农村医疗卫生投入的提高而引起。因此，农村居民人均纯收入与小康目标之间的缺口，必将由农村基础设施投入、农村基础教育投入以及农村医疗卫生投入进行填补，以发挥农村公共物品供给在实现农村小康过程中的重要作用。

本章通过构建农村基础设施投入、农村基础教育投入以及农村医疗卫生投入与农村居民人均纯收入的多元回归模型，实证分析了农村公共物品供给对农村居民人均纯收入的影响，并利用格兰杰成因分析检验农村公共物品供给与农村居民人均纯收入之间的因果关系。在此基础上，利用AR－模型对农村居民人均纯收入和农村公共物品供给量进行预测，进而测算出农村居民人均纯收入与农村公共物品供给的缺口，以探析农村公共物品供给在实现农村小康过程中的作用。通过实证分析发现，农村基础设施投入、农村基础教育投入以及农村医疗卫生投入等农村公共物品供给的增加，的确可以有效地提升农村居民的人均纯收入水平。其中，农村基础教育投入对农村居民人均纯收入的影响程度较大；农村基础设施投入对农村居民人均纯收入的影响存在滞后性，即上一期农村基础设施投入对当期农村居民人均纯收入存在显著影响；农村医疗卫生投入对农村居民人均纯收入的影响程度较小。农村居民人均纯收入与农村基础设施投入、农村基础教育投入以及农村医疗卫生投入之间存在单项的格兰杰成因关系，即农村基础设施投入、农村基础教育投入以及农村医疗卫生投入是农村居民人均纯收入的格兰杰成因，反之并不成立。通过构建自回归模型对农村居民人均纯收入和农村公共物品供给量进行预测，再利用农村公共物品供给量的预测值与多元模型回归结果测算农村居民人均纯收入水平。以2010年农村居民人均纯收入水平翻一番作为2020年农村实现小康社会目标的低方案，而以农村居民人均纯收入自回归模型的预测值作为实现农村小康社会目标的高方案。按现有农村公共物品供给的速度，在2020年农村可以实现小康社会的低方案；而农村地区要实现小康社会的高方案，就必须提高农村公共物品供给量，以满足农村居民人均纯收入的较高增长。

第七章　国外农村公共物品供给的经验启示与借鉴

第一节　主要发达国家的经验

一、美国

（一）政府高度重视农村公共物品供给

农业向来是美国经济的重要支柱，但是随着工业化不断发展进步，农业在美国经济中的地位却不断下降。为了扭转美国农业不断下降的劣势，美国迅速发展农业，并成为世界上农业最发达的国家之一，这主要归结于政府对农村公共物品供给的加强。

美国政府、市场及社会之间的社会分工非常明确，政府间事权划分比较明确，各自治州长期自治，但都对乡村发展高度重视，不断加大乡村薄弱环节和落后乡村的公共产品投入，形成了政府、市场和社会团体共同参与并提供农村公共产品的局面。一是联邦政府直接出资支持农业基础设施建设、农业教育、科研、科技推广，以及给予补贴等。二是联邦政府引导各州和地方支持农业发展，如国会颁布有关农业科技推广的法令，联邦政府对接受法律条文的各州提供资金建立农业科技推广组织。三是财政政策与金融政策协调运用，将少量的财政资金用作政策银行的资本金和经营费用，使政策性银行吸收大量的社会资金支持农业。四是以财政投资吸引私人投资，如美国的交通设施建设、灌溉设施建设、农业科技、科技推广，既有财政投资，也吸引了私人投资。五是运用资金市场筹集支农资金。

（二）通过立法提高供给效率

为了制定美国农村发展的相关法律，美国联邦议会每隔五年会对美国乡村地区的发展问题进行专业的论辩，并通过相应的议案，以此制定促进农村持续进步的规则。

为了持续提高美国农村公共物品的供给效率，美国政府也制定了相应的法律政策，并通过相应的立法手段保证法律政策的实施效果。同时，对相关公共物品的供给商进行政策指导，以促进农业的稳步发展。

（三）重视基础设施建设

美国十分重视农村基础设施建设，不管是农田水利方面，还是在干旱地区兴建各种大型水利设施。美国在各州农村地区建设交通线路和其他公共设施，既方便了产品流通，也美化了农民的生活环境。基础设施的建设使农民的生活不断得到改善，一系列问题得到了解决；同时，农民的出行也更加便利，可以在新修建公路上运输农产品，促进了区域内农产品的有效供给。

基础设施建设虽然存在很多弊端，但却是公共物品体系中不可缺少的重要组成部分。美国的农村基础设施项目不仅资金来源和归属不统一，而且主要集中在交通建设、土地防洪等方面。除了由政府主导农村公共物品的供给外，美国各州政府、地方政府以及私人也会对相关的农业基础设施进行建设。

（四）通过保险对农业进行保护

为了对农业进行全方位的保护，减少农场主的损失，美国政府特地建立了美国联邦农业保险。对服务于农业保险业务的组织，联邦农业保险也提供针对性的补贴，从而大大提高了农民的热情。

（五）形成多元化的供给体系

美国倡导的是市场干预经济，所以政府很少对农业进行直接干预，但是美国农业却依然高速发展，究其原因，在于美国农业已经形成多元化的供给体系。美国以财政部门为主导保护农业生产，通过社会各多元化模式建立农业保险基金，对于相应的农业风险给予补贴，减轻农民负担，从而促进农业发展。

美国政府对农村公共物品供给工作进行了划分，明确了各层级政府的职责分工。美国联邦政府负责较大型的农业工程、补贴和社会保障方面。环境保护、配置资源、维护公共卫生、普及教育等则由地方政府负责。为了拓展相关的市场，使成员利润增加，美国农村合作组织在公共物品供给中能获得一般农民生产者不易得到的服务。目前，随着美国农村合作组织的不断健全，农民生产者对农业合作组织的依赖性逐渐提高，这使得美国农村公共物品的供需矛盾得到了极大的缓解。

作为发达国家的美国，即使是小城镇也非常注重基础设施建设。小城镇的基础设施建设资金主要来自美国联邦政府、州政府、地方政府以及开发商。联邦政府负责大型的基础设施建设，州和地方政府负责小型的基础设施建设，开发商负责与居民生活相关的社区内的生活配套设施建设。

（六）建立城乡统筹的社会保障制度

为了促进地区之间的均衡发展，联邦政府通过控制财政拨款力度来提高农村居民养老保险和医疗待遇，使农民和城市居民享受同等的服务。农村还实现了相关医疗体系的不断完善，这使得农民能够更好地享受农村医疗的保障。

（七）重视农村的义务教育

美国农村义务教育的费用由联邦政府和州政府共同承担，其中州政府的资金支持是农村义务教育的主要来源。联邦政府同时设立专项拨款，用于对特殊教育、职业教育及教学改革等项目的发展和改进。农村学区处于不利的地理位置，为了使其与全国的义务教育水平相当，需要联邦和州政府共同拨款补助，以使义务教育的发展相对均衡。

（八）产学研一体化的发展模式

在美国，农业推广体系尤为重要。为了支持美国农业发展，美国特地建立了以行政管理部门为主导，农学院为中心，农业部联邦农业研究系统、各州农业实验站、联邦农技推广局、各州农业技术推广站共同参与的三位一体的体系。农学院内各系的教授承担三项工作：教学、科研以及研究推广。教授的一半时间用于教学和科研，另一半时间用于农业的宣传推广。随着农业科学技术的迅速发展和普及，农学院的任务也不仅仅是科技推广了，对基础科学和科学方法的研究也是农学院的工作了。

二、德国

（一）制定相应政策确保生产性公共物品的供给

一是联邦政府为及时供应优质的种子、种苗、种畜等，制定了登记制度、专利保护和许可证生产制度，并对国内外企业给予支持，保证企业盈利。二是政府设立了专门从事农机技术研究工作的农机研究院，为农业生产提供优质的农业机械化设备。政府对购买农机的农民或农场主实行相应的优惠政策，农业机械可以折旧，国家补贴农民购买新机械费用的20%，以此鼓励农民购买农机。三是对农用燃料进行补贴。德国对农业支出预算中的农用柴油进行补贴。四是土地整体推行农业产业结构调整，不断扩大农民经营规模。国家支持大农民经营全部土地的2/3，以减少土地过于分散问题，小于58岁的农民可以向国家申请土地调整的全部费用。政府特地推出“土地转让养老金”，农民将土地出售或出租可以获得更高的老年农民养老金。对于分散的土地，国家出资购买形成连片经营。

（二）重视农业基础设施建设

德国政府的农业基础设施建设由政府负责。为了保护海岸线，联邦财政和州财政大力投资建设海岸线，以加固海岸。除了海岸线的修建，在德国交通道路也由政府出资修建。德国交通线路密度很大，排在世界第二位。德国政府用了数十年时间，不断更新村镇改造和建设。为加大政府的支持力度，德国颁布了一系列农业法规，形成均衡的城镇结构体系。基础设施和社会服务设施的建设是乡村建设中的首要问题，只有不断完善农村的基础设施建设以及改造村镇的居住环境，才能不断提高村镇居民生活的舒适度。

（三）重视农村福利保障

20世纪70年代，德国农村人口社会保障问题严峻，原因在于德国欠缺对农民的社会福利保障。为改善这一状况，德国的财政预算中对农民的社会福利资金支出占据了全部财政支出的半数以上。

（四）重视绿色农业和环保农业的发展

20世纪80年代，农业环境每况愈下，欧共体逐渐增加了对环境保护的关注度。为了减轻市场对保护环境施加的压力，德国政府专门对粗放经营农田的那些农民和有利于环境保护的农业生产行为给予奖励。年老弃耕者，以及用退耕的农田来造林、营林者都可以获得较高的奖励。

（五）注重技术革新与应用以及科研成果的推广

德国政府十分重视农业技术革新与科研成果推广。以检测的数据为依据，免费为农民进行土壤改良。为了鼓励农业技术革新和科研成果的推广，德国对有利于生态环境的农业给予补贴，对重视农村环境保护的各项先进技术进行补贴，对有助于环境建设的农业给予奖励。为了减轻市场压力和保护环境，缓解主要农产品生产过剩现状，德国政府奖励农田粗放经营者和土地休闲者，并制定了土壤施肥量限制，对免耕、退耕还林进行补贴。

（六）建立供给主体的多元化体系

德国政府财政、组织、个人都会承担公共物品供给的责任与义务，但组织、个人是公共物品的主要提供者。德国政府所承担的各项社会公共服务责任较多，使得德国政府财政压力不断增加，为了减轻财政压力，德国农村公共物品供给主要采取政府采购、私人供应的方式。当局间接提供公共服务，而非营利性组织和个人进行系统经营；内部私人竞争不断发展实物供给。政府与市场相结合极大地提高了政府对农村公共物品供给的管理与监督水平，有效地缓解了政府财政紧张的压力，为德国农业发展起到了重要的作用。德国农业经济组织主要由私人农场主、地区企业或跨国联盟三个层次构成。三方相互合作，进一步维护了农民的利益，逐渐形成了农工商一体化、产供销一条龙的组织形式，完善了公共物品的供给体制。

（七）重视农业职业教育

为了发展农村公共物品供给，德国不断发展农业教育，尤其是制定了严格的法律法规。在《职业教育法》《劳动促进法》《联邦教育促进法》中鼓励农业从业者积极接受农民职业教育，提高自身的科学文化素质，不断发展优质高效农业。为给农业教育提供有利的条件，充分调动农民学习农业新技术的积极性，培养合格的农业人才，根据法令规定，学校内的学生有权在经济上（如教育费用、生活补助等）得到支持。

（八）完善供给监督机制

德国农村公共物品供给监督是针对供给方、资金以及决策者的监督，主要分为体制内监督和体制外监督两种。体制内监督主要包括两种形式，一是通过法律的规范，对供给主体给予制度上的约束和监督。地方政府在进行社会管理与提供公共服务时，需要遵守相关的法律，自觉接受州政府的检查。对不符合相关规定的地方政府行为，州政府必须做出相应的规定，要求地方政府进行改进。二是设定监督机构对特定项目进行监察。专门的监督机构负责监督地方县、乡镇政府，通过州议会获得授权，政府的财政、人力、基础事业和日常活动由监督机构监督。在德国除了执政党，还有非执政党、民主性质的集体组织、媒体等，后者构成体制外监督力量，有助于防止政府不作为或乱作为，进一步完善了相关监督机制。为了保证政府的相应权力和资金被合理地使用在相应的工程上，非政府组织和公民可向政府施加压力。

三、澳大利亚

（一）重视农业基础设施建设

政府对公路、铁路、学校、医院等，视情况不同利用直接投资或社会多方参与的模式进行建设。政府对交通建设的重视使得澳大利亚公路交通快速发展。一方面，便利的交通使农产品的生产地与销售地相互连通，农产品从农村运往城市，不仅给农民带来了可观的收益，也使城乡之间的交流不断加强；另一方面，交通等基础设施的持续改进、私人交通工具的持续更新，使劳动者的从业地域不断扩大，农民可以走出偏远的农村流动到城市，寻找更多就业岗位，增加了劳动者的就业机会，拉近了城乡之间的关系。

（二）政府大力支持

澳大利亚政府提供的公共物品主要包括基础设施和制度类两种。澳大利亚旱灾较多，针对这一问题，澳大利亚政府特地制定旱灾政策，通过保证金和管理债券两种媒介帮助农民实施风险管理，使农民有计划地将农场收入进行储存，以此稳定农民的收入。此外，政府实施了收入平均税方案，既稳定了农场主的收入，也为自然灾害的发生提供了储备资金。一旦发生重大自然灾害，当局会对受灾农民进行资金补贴，使损失降到最小。

（三）重视科研体系与农民职业培训

全国性的联邦科学与产业研究组织、初级产品部和各州农业部所属的科研所或实验站，以及高等院校共同构成了澳大利亚政府的农业科研体系。它们主要进行理论研究，解决生产中存在的实际问题，并尽可能地结合农业生产实际。而州农业局设立农村事业发展总部，专门负责和管理农业技术推广工作。

（四）重视农业新技术的应用与转化

澳大利亚的农业技术对农业的生产和经营起了极大的推动作用，如运用卫星追踪天线系统、农用电子计算机系统以及基因工程技术全方位支持和助推农业发展。澳大利亚政府根据农业发展的需要，通过专门的农业教育机构对农民进行多种形式和内容的培训，以提高劳动者的综合素质。在澳大利亚，大学文化程度的农民能提高农业劳动生产率，极大地增加农民的资金收入。

（五）开发多元化农业和向集约化方向发展

基于澳大利亚各州气候、资源不同的特点，政府通过政策引导进行多元化农业开发，对农业技术与科学管理的进程进行不断优化，鼓励企业农场改进发展模式，不断建设集约化农场。

四、日本

（一）政府支持并给予补贴

日本当局对土改、农基建设和农业发展技术等进行投资，其投资额是农业总产值的15倍。政府大力实施“绿箱政策”，即对科研发展、动物免疫、农害治理和农业资金流动等进行大幅度补贴，切实保证农村公共物品的有效供给。

（二）重视基础设施建设

在农业基础设施建设过程中，日本中央财政通过一定的审批程序，对达到一定标准的项目给予全部资金的50%，市和村给予25%和15%，农民给予10%。日本是一个多山国，为了发展更加适应这种地质的农业，政府特设“农业现代化资金”和“农业改良资金”用于采购机械设备。当局对农业设备的购买，给予资金补助和贷款。

（三）加强农业立法

为了积极加强农业立法，促进农村社会管理不断进步，日本政府特地成立日本农林水产省。国会相继通过了54个农业立法，其中《农业基本法》被称为“农业宪法”。此外，还颁布了关于家畜保险、农业保险和农业灾害补偿等的法律法规。

（四）开展农村义务教育

日本的农村义务教育供给资金由国库负担，免费提供学生的教材，对中小学教师的工资补助50%。《偏远地区教育振兴法》《孤岛振兴法》《大雪覆盖地区对策特别措施法》《过疏地区特别措施法》等是专为偏远地区而设的。《偏远地区教育振兴法》扩大了补助范围，公布了有关监督与惩罚条款，明确提出了学校津贴补助的标准和补助率。为了改善偏远地区学校环境，日本政府还为偏远地区的学校教职工提供一定的优惠待遇和国家教育经费补助，对在校的中小学生给予生活补助。除了对学生实施义务教育外，日本政府对农民的教育也十分关注，通过开展继续教育和社会化教育，普及农业技术知识。

（五）建立农协组织

农协组织下设金融部和共济部，是专门负责农村地区综合性事务的社区组织，为农民提供信贷服务和保险服务。农协组织为其成员提供加工等服务设施，建立了高效、快速的信息网络，在农村公共物品供给中发挥了重要的作用。

（六）运用民主化的决策机制

日本的公共物品供给由政府、农民双方按照民主程序共同决策，以此来对相关项目和数量做出判断，实现了决策程序的法制化以及项目实施、项目管理的规范化。在日本，每一个农民在制定决策的过程中均拥有表达意愿的权利和途径。

五、挪威

（一）政府高度重视

挪威农民在政治上具有强大的力量，这使中央政府重视并开始进行一系列的研究和计划，以解决城乡发展失调问题。为了保障农民利益，挪威政府及时提出并实施城乡共同发展政策。

（二）政府架构职责分明、分工精细

在挪威，各级政府分工明确，中央、道（县）和市镇明确划分事权与财权，对人民群众负责，供给群众需要的公共物品。中央政府主要负责大型公路、机场和水利设施等的建设资金筹集。道（县）主要负责监督发展计划和项目的开展。市镇一级政府主要负责小型公共设施和福利设施的管理与维护。各种发展项目的推进工作主要由社会上的非政府组织负责。

（三）科学制定规划与政策

为了保障发展计划和政策的可行性与科学性并充分体现民众的意志，挪威政府的每一项规划与政策都要经历一个不断协商的议程，政策规划的提出者要与相关人员不断进行横向和纵向的面对面的协商。这样既减少了决策的失误，也能确保发展计划受到相关民众的鼓励和认可。

（四）非政府组织和农民逐渐成为农村发展的动力

在任何一个发达的民主国家，非政府组织和公民社会的发展都具有共同的特性。在挪威，农民党是农民利益的主要代表，“挪威皇家发展协会”主要

负责开展农民合作活动。“挪威市镇政府协会”是中央政府和地方政府相互沟通和联系的主要纽带。这些非政府组织能够不断促进决策制度的科学化，确保群众的根本利益不被侵害。

（五）政府大力增加对农村和农业的投入

早在 1973 年，挪威对农业的投入资金就已经是其他产业的 2 倍，到 1977 年已经达到了 4 倍。此后挪威的农业生产水平持续提高，农业生产不仅在国家粮食安全供应方面提供了强有力的保障，也解放了农业的劳动生产力。挪威的农业劳动力就业人口比例占 40% 以上，在加大对农村和农业的投入之后快速降低到 4% 以下。农业投资还带动了农村基础设施的建设和二、三产业的持续发展，增加农民收入的同时也加快了农村城市化、现代化的步伐。

六、以色列

（一）重视高科技在农业生产中的普遍运用，发展技术密集型的高科技农业

在温室、排灌、通信、自动控制系统、农田整治、道路建设、兴修水利、改造沙漠方面，以色列政府都重视技术的应用。以色列农业产值的 3% 都被用于农业科研的费用。正是由于有强大的农业科研推广体系，以色列农业技术高度发达，不仅在节水灌溉技术、农业生物技术、培育良种技术、计算机运用技术方面有着卓越的管理体系，而且在温室种植技术等领域也获得了突破性进展。以色列在全国各地建有不同规模的农业科研单位，中心农业研究组织由农业部下设，农业科研单位以及中心农业研究组织根据农业需要，进行单项研究并直接服务于当地农业生产。

（二）政府承担农技推广的任务

以色列传统农业技术发展进程慢，为了将农业研究成果转化到新兴的农业发展中，以色列的高等院校和研究机构都不断对农业研究事业做出自己的贡献。为了能够更好地应用农业科研技术，以色列还全面制定并不断完善科技推广体系。以色列的农业服务局代表政府承担起技术推广的任务，在科研取得成效后，通过推广体系将科研成果进一步推广出去。科研工作与推广工作相辅相成，不断推动以色列的农业发展。

（三）重视教育公共物品的提供

以色列对农民教育尤为重视。在农业部的积极支持下，以色列不仅通过农学院、农学系向学生开设农业经济课程，还在全国各地办起了规模不同的

农校。各部门为了对农民进行有目的的培训，在全国开设不同形式、不同类型的农业培训班。这些教育政策不仅使农民掌握了农业生产的基本技能，深入了解到农业科学的最新成就，还提高了农民的知识水平与文化素养，培养了农民的现代意识。

七、韩国

（一）完善生态环境

韩国的农村公共物品供给以持续改善生存环境为主要特点，不断改善和建设农村道路、自来水、煤气，并不断完善电力系统和电信等基础设施。为了提高农民的生活质量，政府还安装电灯，修建公用水井、堆肥场，设立农村公共澡堂、洗衣房、图书阅览室等。

（二）积极调整农村生产结构

在调整生产条件和增加收入来源方面，韩国政府持续改进水利系统，对河流进行治理，开发水源，修建公路。在农业生产结构调整上，政府不断更新农业机械设备，采用新的生产技术，形成专业化生产。采取多种经营方式，以兴办农村副业为主，同时不断建设农贸批发市场并拓展“新村运动”的经济活动范围。

（三）优先扶持农村基础教育

韩国《教育法》规定，实施小学和初中义务教育。在农村地区，逐渐开展农村义务教育普及工作，由地方和私人来承担，再推广到全国。韩国政府拟定的《偏僻、岛屿地区教育振兴法》针对偏远地区的教育规定了“教育优先区制度”，为偏远和不利地区的低收入家庭的学生提供补助、奖学金和“教育代用券”。

（四）重视技术开发与人才培训

农业技术开发和人力资源发展、人才训练是发展农业的重要步骤，被韩国政府作为重点扶持。为了能够突出训练管理农业的专一人才，韩国政府按地区选定30所农业院校为重点学校，通过在农业科技高校中设立农业专业管理课对优秀的专业农民进行教育。对优秀的技术农民的再教育，使得韩国无论是国家经营的企业，还是个人承包的农业饲养、加工企业都能够朝着现代化经营的方向迈进。

（五）建设流通体系与完善社会化服务组织

韩国政府特别注重专业生产者企业对农产品流通框架构建的贡献。政府支持生产企业承担制造、加工、外销等任务。市场基本建设主要包括制度设立和建设批发市场。20 世纪 90 年代，韩国有 25 个国家经营的批发市场，9 个完整的发配中心，500 个直接销售地。韩国政府支持农产品集团开发海外市场，建设国外营销体系。韩国用于鼓励农产品交易的资金占农业总投入的 5.2%。为了提高农民生活质量，政府投资建设现代化农村。韩国政府还拟定了水稻保护价，以降低水稻价格变动带来的损失。当水稻市场价格低于规定价格时，国家就出面购买水稻，政府出资建设储藏地，进行经销管理，对农民的损失给予相应的补贴。

（六）重视对农民进行知识技能培训

韩国充分认识到农民素质对农村发展起着至关重要的作用，所以农民是新农村运动的核心要素。为了激发农民的积极性，韩国制定了奖惩制度。韩国政府将村庄设置为三级，对其项目实施补贴的标准主要根据免费提供生产资料及对各村自主供给情况的汇报，以及对各村完成的认真度和行动力的测评做出。此外，实施新农村培训学院分类别、分层次、分阶段的培训计划，将培训合格优秀学员派送到基层工作，增强了广大农民的就业能力，提高了农民在市场上的竞争力和自我完善能力。农民是新农村建设的主体，只有提升其能力，才能更好地担负起发展新农村的责任。

（七）注重发挥农协的作用

经济发展开始时期，韩国政府缺乏应对产品供给时间长、成效慢的经验，并且经济增长缓慢，因此期初大量产品的供给还是以政府为主导。当产品供给不断增长并取得一定的收益以后，农协逐步承担起丰富农民对农产品更高层次的个性化需要的重任。农协承担着大范围的业务，如购买器材，促进农业产业化经营，成立农业信用合作社，等等。农协作为韩国市场结构中心的组成部分，在促进农业经济的进步上居于核心的位置。韩国政府通过制定和推行相关的法律法规，保护农协的日常活动，对农协进行有效的扶持，如对农协放宽税收政策、信贷政策；同时，政府也积极参与对农协的教育和培训工作。为了改变政府主导的供给体系，韩国政府不断整合其他社会力量参与到产品供给工作之中，既增加了农村公共物品的有效供给，也提高了政府的供给效率。

第二节　主要发展中国家的经验

一、墨西哥

（一）重视基础设施建设

农业是墨西哥的重点产业之一。为了促进农业的发展，墨西哥政府不断增加对农业的投入。例如，对道路、水利设施等进行改善，不断完善农村公共卫生条件，重视农田灌溉和大型水渠、水库的建设。

（二）有完整的农业科学研究体系

墨西哥农业发展过程中的一个重要阶段是“绿色革命”，在此阶段，墨西哥政府发挥农业现代化的作用，建立了完整的农业科学研究体系。墨西哥政府高度重视生活垃圾污染问题，为了使墨西哥环境不被污染，政府将环境保护作为重点问题考虑，在公共物品的提供上更加注重有效和健康。在水资源保护上，墨西哥政府在全国建立了304个水质监测系统，全部由环保部管理，用于治理、开发水资源；建立了744个水质监测站，由农业和水利部共同管辖；还建设了223个生活水处理厂和117个工业污水处理厂。为了进一步改善生态环境，加强对污染问题的综合治理，农业部门合理规划农田，鼓励和动员农民修建梯田。在农业科研上，加强农业科学技术研究，为农业发展创造良好的环境，不断推进农村改革，促进农村经济发展，提高农民经济收入。

（三）有全面的农村医疗保障体系

墨西哥的农村医疗保障体系十分全面。政府不仅允许农业工人参加社会保险，职工家属也可以有社会保险。墨西哥的医疗救济主要针对没有能力支付医药费的贫困农民，政府负责贫困农民的全部医疗费用。全国职工社会保险协会通过协调相关的人力和物力为农村贫困居民提供服务，打造针对贫困农民的全方位的医疗体系。

二、泰国

（一）重视农村基础设施建设

泰国政府注重水利工程的建设，同时也不断完善其他基础设施。例如，修建公路发展山区交通运输，完善农田灌溉设施，输送生活用电。泰国政府对基础设施的建设使旱涝面积逐步减少，农业环境大大完善。在农村文化福利方面，泰国政府不断加强公共物品的供给，如建设农村学校、医院以增强农民自力更生的能力，清除污水、废物以减少环境的污染。

（二）发展多种形式的农业教育

在泰国，无论是专门的农业大学，还是综合型大学都开设农业系、林业系和水产系。服务于农村的各类科技人员，必须要通过专门的农业技术考试。泰国劳动力规模十分庞大，劳动力人口占全国总人口的72%。劳动者素质普遍不高，就业难现象普遍存在。为了向农业提供优秀的农业人才，泰国政府在农业学校开展正规培训，并在各地区开设专业化教学和训练，充分利用各地方的条件。

（三）重视农业科研人才的培训和科研成果的应用与推广

泰国农业与合作部在世界银行的帮助下成立了农作物研究所，负责农业的调查与研发项目。农作物研究所需要对土地、水、肥、植物等投入农业的生产要素进行分析、检疫和咨询，并且通过农业与科研相结合的方式来满足农民在不同地区和自然环境下的需要。

（四）重视农村医疗卫生保障

泰国在农村推行购买健康卡参加合作医疗的健康卡制度。该制度以家庭为单位，规定1户1卡。大于50岁的老人和小于12岁的儿童可以有免费医疗健康卡。全村35%以上家庭参加，政府会承担50%的健康卡费。省管理委员会统筹管理健康卡所筹资金，其中90%用于支付医疗费，10%用于支付管理费和支持免疫计划。

（五）发挥非政府组织的力量

为了减轻政府负担，泰国通常用资金扶持、担保、税收措施支持吸引私人组织、非政府组织加入农村公共物品供给之中，在财政实力薄弱的地区，私人组织和非政府组织的作用更加明显。

（六）完善需求表达机制

泰国的决策机构人员大都由民主选举产生，基层行政机构、社群组织、农业合作社人员也都通过民主选举产生，这种有效的民主体制能够充分反映农民对公共物品的切实渴望。

三、印度

（一）重视农村公共物品的供给

印度是一个发展中国家，也是世界主要的农业大国，有72%的人口生活在农村。印度政府十分关注农村公共物品供给，并积极承担起相应的责任。

（二）重视农业基础设施建设

落后的基础设施对农业的阻碍使印度政府开始重视农业基础设施建设。为了更好地建设农业基础设施，印度政府在落后地区实施建设方案，不断完善对公路运输、网络信息传播等基础设施的建设。值得注意的是，印度农村基础设施建设全部由政府出资。

（三）增加资金筹措方式

为增加农村公共物品供给资金来源，印度政府采取了增加投资和补贴贷款等措施。例如，灌溉项目主要由融资公司募集资金来解决资金问题，小型项目（如饮用水项目）则通过社区融资。在印度还存在一种非政府组织，主要通过捐赠的方式为农村公共物品供给提供资金支持。

（四）发展农业合作社

农村信用合作事业在印度国内具有稳定的经济地位，政府通过采取多项优惠待遇（如免除所得税等）对其提供扶持和帮助。

（五）健全社会保障体系

为了健全社会保障制度，印度政府对丧失劳动能力的农民、无房的贫困农民给予补助，为其基本的生活提供保障。贫困人口购买粮食还可享受低价政策。此外，印度政府还通过立法保障农民工的权益。

（六）完善决策监督机制

为完善农村公共物品的供给监督机制，印度政府主要通过完善法律，加强体系建设，改变供给监督机制不完善的现状，不断提高农村公共物品供给的效率和公平性。印度宪法对政府选举做出明确规定，要求进行定期选举。印度首席选举委员和主审计长负责对政府账户进行审计，以加强监督机制。司法部门制定其雇佣条款。印度第73号宪法修正案规定，中央和邦政府要对地方机构的准备计划负一定的责任，并给予补助，提出指导方针。至少要有40%的计划资金投入生产部门，超过30%的资金要投资于基础设施。为了进一步审计监督财政状况，印度建立了中央和邦两个级别的财政委员会，负责在公共物品提供的建设方面提出改进意见，从而使其决策监督机制不断完善。在中央部门下设监督机构以监督工作完成情况，通过建立问责机制，地方政府也发挥对农村公共物品供给的监督作用。

（七）重视农村教育供给

印度是一个经济欠发达的人口大国，但在义务教育和转移支付制度方面实行城乡差别制度，这使得印度的农村教育管理十分成功。在印度，中央政府对贫困地区的义务教育给予补贴，部分小学教育一律免收学费，条件好的邦的中学教育也是免费的。义务教育提高了农村儿童入学率。

四、巴西

（一）重视农业基础设施投资和建设

巴西政府以强化公共物品基础建设作为农业投资的重点。巴西政府为了消除耕地资源开发的最大制约因素，开始不断修建公路和农村道路以改善交通运输条件。巴西的公路修建资金完全由政府提供，政府会对在农场内自家修建道路给予补贴。在农田水利建设、农业机械设备购买、农业技术服务等方面，巴西政府也不断给予相应的投资。

（二）注重农业科研与农业技术推广

20 世纪 60 年代，巴西农业部有 5 个研究所和 244 名科研人员，农牧业科研局就是巴西农牧业研究公司的前身。20 世纪 70 年代，巴西政府逐渐重视农业技术研究。巴西农牧业研究公司和农业技术推广公司是巴西最重要的农业科研机构，归农业部管理，以培养人才为主，不断扩大科研队伍。巴西农业技术推广公司是一个负责全国农业技术推广和管理的多功能技术机构，负责各项工作的协调和实施，积极参加农村教育推广和环境整治；同时，在各州、市建立分支部门，提供科技支持。

（三）大力发展教育卫生事业

巴西农村公立学校的所有费用由政府支付，农民无须缴费。在医疗上，巴西农村居民也与城市居民一样享有医疗保障的权利，而且巴西医疗保险保障范围广，对被保险人的待遇高。联邦政府建立了一项农村初级卫生保健制度——农村“家庭健康计划”，主要用于关注农村家庭和社区的卫生医疗。在巴西共有 10 025 个农村“家庭健康计划”小组，农村“家庭健康计划”小组由医生、护士、助理护士各 1 名，以及 4 ~ 6 名社区健康代理组成。该小组至少服务于600个家庭。联邦和各州为“家庭健康计划”设专项资金支持。巴西政府对农村“家庭健康计划”小组给予鼓励和支持。政府对每一个新成立的“家庭健康计划”小组给予启动资金，这大大提高了巴西农民在医疗服务方面的获得感。

（四）鼓励发展多种形式的农村合作社

巴西建立了多种形式的农村合作社，推动了农业生产，促进了销售一体化的发展，对农村公共物品供给发挥了促进的作用。在巴西，已有4 000多个农村合作社，成员达到4 000多万户。合作社有多种，供销合作社为农民供应生产资料，提供包装、仓储、物流、销售等服务，还提供多种技术培训和管理咨询等服务。除此之外，还有渔业合作社和农村电气化合作社等。

五、马来西亚

农业部门作为马来西亚的传统经济部门，在一段时间内持续稳健发展，但随着工业化的发展，马来西亚政府对农业部门有所忽视，使农业部门增长停滞。当农业发展的危险日益凸显时，马来西亚政府对农业进行了一系列的政策改革，不断发展农业机械化，提高生产效率，转变农业产业结构，不断加大对农业环境的治理和对农业的资金投入。通过一系列的战略调整，马来西亚的农业从衰落走向兴盛，促进了马来西亚的经济发展和国家产业结构的转型升级。

第三节　启示与借鉴

中国农村人口的质量不高但是人口数量却很多，农村经济的发展与城市相差甚远。通过对部分发达国家和发展中国家农村公共物品供给经验及做法的分析，本节总结出对中国农村公共物品供给改革的启示。

一、提高重视程度并制定相应政策

很多国家或地区在成长的过程中，多半都有过为了发展工业而牺牲农业的经历。例如，日本、韩国等国在20世纪60年代左右开始反哺农业政策，原因是这两个国家曾在快速发展工业化、城镇化的过程中，对农业资本进行了剥夺，使农业发展呈现下降趋势，所以都在其国家工业发展足够强的时候开始通过扶持经济、共同发展、相互合作等相应的政策快速发展农业。政府在保证公共物品正常供给的基础上，积极采取各种政策，完善农业社会服务体系，并通过各类农村合作组织鼓励互帮互助。

与其他产业相比，农业既属于弱质的产业又属于基础产业。在国民经济中，农业处于基础地位，有着其他产业无法比拟的重要性。况且农业还是一个具有自然和市场双重危害的行业，在投资过程中的回报是最低的。由于农业生产要素中的土地要素具有不可转移性，农民收入的绝大部分来自农业，导致农民不能与其他行业的经营者竞争。因此，农业保护不仅关系到农民的生存和国民经济的发展，还关系到社会的和谐和国家的稳定。

我国目前仍处在工业化发展的中期阶段，农业比较优势低，结合国外积极正确的经验与中国农业发展的实情，采取支持保护政策对我国农业发展具有指导作用。因此，加大对我国农村公共物品的供给这一举措意义重大。

二、确立政府为主导的多元供给体系

国外成功案例表明，政府需要在占主导地位的同时将各个农业专业组织和市场充分地带动起来，从而形成一个多元化供给的局面。各国政府为改变政府资金缺少和供给效率低下的局面，制定积极政策，不断吸引社会资金参与农村公共物品供给。国外农村公共物品的供给方主要包括各级政府、资助农业机构的非营利性组织，以及农业合作社、农民协会等组织。

政府应直接作为供给主体负责农村基础设施的建设、农业科技研究的开发和推广以及涉农专业优秀人才的培养，并通过专业的农村合作社供给生产资料以及开展产业化经营等。而农村的用水、用电、电视信号以及农村教育等除了依靠政府的扶持外，还可以吸引其他组织或者个人的投资。一些国家的政府对于农村公共物品的供给进行经济补偿，同时实施一些优惠政策，鼓励一些组织对农村的基础设施建设进行投资和改造。例如，政府通过合同承包或特许经营的方式将公共物品交由私人企业提供。这不仅减少了政府部门的财政支出，还实现了农村公共物品的有效供给。

借鉴国外经验，为解决公共物品供给的问题，有关单位、有关部门应采取以政府为主的公共物品供给办法。中国是农业大国，依靠政府支持远远不能满足需求，因此要完善政策，鼓励吸引外来资金的投入，缓解资金不足和竞争环境不公正的问题，提高供给效率。

三、培育自治组织，注重农民参与

农村公共物品的供给问题，不仅要依靠政府支持和社会组织参与，更要依靠自身发展，坚持农村自我管理、自我组织、自我服务的宗旨，聚集个人和群众的力量，共同提高农村公共物品的供给效率。

国外典型的农村公共物品供给决策几乎都是采取自下而上的形式，农民的意愿表达渠道畅通，这种决策机制使农村公共物品的供给真正满足农民的实际需要。政府关注农民需求，制定相关法律，保护农民的权益，依靠农民自己解决农村社会发展落后的系列问题。农民协会的建立不仅使协会内部成员本身的需求得到满足，更可以制衡基层组织滥用权利。从根本上解决农村公共物品供给问题，需要农民参与其中，激发农民的积极性，让农民在建设自己的家园时有充分的话语权。

四、依据地区实际差异确定供给优先顺序

从各个国家的发展经验来看，农村公共物品供给相关政策的制定与实施要符合本国实际。根据不同国家的国情、经济发展水平、政府财力等的差异，农村公共物品供给呈现由低层向高层发展的趋势。当国家的经济发展水平不足以供应全部公共物品时，政府可以先供应农业生产所必需的基本公共物品，如水电、道路等；当国家经济发展水平提高时，政府可以逐步提升对基础公共物品的供给，如医疗、教育等；当国家经济发达、财力足够并且还有剩余的时候，就可以加大对教育、科技以及资源可持续发展等方面的投入。

我国目前仍处于经济发展水平较低的阶段，严重缺乏可以供给的农村公共物品，因此可以参考国外的做法，对农村公共物品供给采取长期的、分阶段的形式完成。

五、扶持合作组织并增加有效供给

合作组织对农村公共物品有效供给的促进作用不容小觑。很多国家都根据农村合作组织的重要性，制定了鼓励其发展的法律法规，并提供一些优惠政策，同时参与和指导相关的教育及培训。合作组织既可以了解农民对于公

共物品供给的需求，也可以帮助政府改变公共物品供给的途径，还可以提高公共物品的供给效率。

然而我国农村的公共物品主要是由政府部门逐层逐级提供的，且提供的数量都是由政府规定的。这样的供给结构缺乏农民的直接参与，导致农民真正的需要没有被准确地展现出来，造成农村公共物品供给与需求的脱节。因此，我国需要谨慎考虑如何才能了解到农民对公共物品的真实需求，从而形成有效的公共物品供给体系。

目前，我国要将扶持和发展农业合作组织作为重点，完善相关政策，从政治、经济、法律等方面为发展农业合作组织创造条件，通过农业合作组织支持农民互帮互助，这是维护农民的法律权益、提高农业竞争力、促进农业产业化和增加农村公共物品有效供给的关键举措。

六、增加基础教育和职业技术教育投入

基础教育是农业发展的基础，对提高农民的文化素质、改善民生、激发农民的积极性具有重要作用，也是不断提高生产效率的重要保证。在许多发达国家，政府对农村的基础教育都给予大力支持，政府承担基础教育的基本费用。借鉴发达国家的经验，以政府为主体为所需受教育的人提供经费和接受高等教育的机会是未来教育发展的有效模式，我国政府要不断发展基础教育事业，不断培育农业专业型人才。

很多发展中国家在发展农业的同时也密切关注农业的技术教育。在许多农业不发达的国家，普遍存在着劳动力的数量和质量与用人需求不匹配的矛盾，大量的劳动力不能满足市场要求。为了改变这种供求矛盾，政府不断提高对农民职业技术教育的重视程度，大量的农业人才不断涌现。还有一些国家要求相关部门改善农村职业技术学校的教学环境，设计并推广新的教学方案及手段，为农村经济发展培养优秀人才。有鉴于此，我国政府应加大对职业技术教育及相关设施的投入，通过职业培训和技能培训，培育农业专业知识人才，提高农民的思想知识水平，提高农民的社会竞争力。

七、建立公平的社会保障制度

发达国家在供给农村公共物品过程中非常重视社会保障制度建设，注重公平原则的贯彻和落实。很多国家成功地制定了城乡一体化的社会保障制度，

使得其公民可以公平地享受其应获得的福利待遇；与此同时，政府还运用一些经济手段，使农业的保障成为促进经济增长的一个重要因素。

当工业发展到一定程度时，就要开始对作为工业基础的农业进行反哺，以此来提升农村居民的生活水平。建立公平的社会保障制度是社会稳定和经济持续发展的关键。如果社会保障体系不完善，那么农民的健康就不能得到保障，农民将因为患病而丧失劳动力，这将会减缓国家发展的步伐。

由于我国的经济实力有限并且农村人口众多，农村的经济发展以及社会制度都相对落后，所以我国的社会保障系统建设是不可能一蹴而就的，还需要考虑各个地区之间的差异。目前我国应该加大扶贫力度，保障农民的生活质量和基本权益，逐步完善农村的社会保障制度，不断提高社会保障水平，扩大社会保障的覆盖面。

八、重视科研推广与现代化农业发展

在借鉴其他国家农村公共物品供给制度中发现，各个国家都很关注对于农业科研成果的推广。例如，美国十分注重涉农技术的研究和普及，为此还打造了一套十分完善的农业科研教育体系。美国政府在各个地区都建立了各种农业机构，推动农业的发展，并为农民提供各方面的信息以及技术指导。在德国，有关机构会为农民免费检测土地，为农民改造土地提供方法，极大地方便了农民自行改良土地；政府出于可持续发展的考虑，还对那些有利于生态环境的农业生产活动给予一定的补助。在日本，各个地方都设有农业大学以及各种农业研究院，为涉农行业培养了大量的专业人才。自20世纪60年代起，在世界银行的帮助下，印度先后运用技术完成了三次有关农业的革命，提高了农村公共物品的质量与品质，促进了经济发展。

因此，我国政府应对农业技术和科研加大支持和推广力度。其主要内容包括：第一，国家财政应发挥农业科技研究投资主体的作用，加大对农业生产的科技投入，不断提高农业企业的竞争力。第二，对农作物的生产基地进行科技投资，促进生产基地的进一步发展。第三，政府要通过财政补贴和税收优惠的方式降低企业研发成本，鼓励其他资本参与农业科研技术的投入。第四，政府要不断推广农业网络化经营，不断促进科研、生产一体化，进而推动农业科技的发展，使农业科研顺应农业生产的需要。在全面性、策略性的项目开发活动中，政府应起到主导作用，增加投入；同时还要积极鼓励其他主体参加农业科技推广活动，助推我国农业向着现代化、规模化、产业化方向升级、迈进。

第八章　中国农村公共物品供给改革的对策与建议

第一节　农村公共物品供给改革的总体设想

一、改革的方向

（一）改革的着力点是突破制度对供给的抑制

目前，在中国农村存在公共物品供给不足、供给不均衡情况，供给投入的边际效益递减，在短期内通过增加财政投入很难取得预期效果。基于需求管理的宏观调控无法解决问题，需要从供给端进行改革，以乡村振兴发展为目标，有效利用并优化配置公共资源。王先庆、文丹枫（2016）认为，中国经济进行供给侧改革能够提升有效供给的能力。《“十三五”推进基本公共服务均等化规划》中提出2020年实现公共服务均等化。在新时代发展的背景下，中国农村公共物品的供给改革重点在于供需平衡，城乡均衡。贾康、苏京春（2015）认为，解决公共物品供给问题的关键在于解决生产如何满足消费需求的问题以及如何进行制度供给的问题。应在制度、机制与体制三方面大规模展开“供给侧结构性改革”。制度创新是公共物品供给侧改革过程中的核心，“供给抑制”普遍存在于公共物品供给中，应通过制度创新使供给与需求相匹配，进一步增强改革的有效性与针对性。

因此，在制度层面，要增加制度支持，完善制度体系，发挥市场作用，降低农村公共物品供给制度性成本以及公共物品交易性成本，提高供给质量，更好地保障农民的基本需求；在机制层面，要制定社会发展规划，合理进行公共预算，构建需求表达与科学决策相结合的供给决策机制以及资金筹集机制；在体制层面，要合理划分供给责任，以体制改革为重点，协调好政府与市场、中央政府与地方政府的关系。政府应该履行好自身职责，逐步完善法律法规以及政策标准。林毅夫等（2016）认为，应通过厘清权力与责任来确定政府与市场的关系，以法律效力来杜绝以往政府机关单位不作为等情况。农村公共物品供给改革不仅要充分体现市场的资源配置作用，还要确立政府的主导作用，明确责任，使中央政府与地方政府的财权、事权与责任相匹配。

（二）改革的目的是补齐短板，增加有效供给

在当前形势下，中国农村社会经济发展面临着严峻的挑战，公共物品需求增加与供给不足的矛盾突出。中国当下的重要目标是公共物品供给均等化。因此，供给改革的目的就在于补齐“三农”问题的短板，增加农村公共物品供给的数量，提高供给质量提升供给均等化的水平。这是缩小城乡基本公共物品供给差距、避免增加总量差距的必然途径。近年来，农村基本公共物品供给体系逐步完善。但是，城乡公共物品的差距依然很大，农村公共物品的供给效率仍然很低。应该把提高供给效率作为突破口，进一步促进城乡义务教育普及化、一体化，着重提高农村义务教育的质量。进一步建设并完善基本养老保险制度和保障体系，重点提升农民基础养老金保障水平；进一步建设并完善城乡居民基本医疗保险制度、大病保险制度等制度，提高农民基本医疗报销款所占比例；进一步提高农村最低保障标准，扩大农村低保覆盖面。继续增加农村基础设施建设的人力、财力投入；继续优化农村生活环境，提高农村家庭生活污水、生活垃圾的净化能力。

（三）改革的重点是供给结构有效适应需求结构变化

新时代的中国发展迅速，人民生活日新月异，农民的需求也随着时代发展而变化，逐渐呈现出多元化特点。尽最大努力满足农民个性化的需求，应从供给主体、供给投入、供给制度等方面着手，推动农村公共物品供给效率的提升，点对点解决影响农村公共物品供给效率的问题。私人物品的需求是通过市场交易来实现的，对公共物品的需求则要通过政府的供给来满足。宏观供给的管理重点在于供给制度的改革和供给机制的创新，应通过对供给制度方面的改革以及供给机制方面的创新，完善农村公共物品供给制度和供给体系，维护公平良好的市场环境，增加农村公共物品的有效供给，不断调节现阶段农村公共物品的供给结构，提高农村公共物品的供给质量，使农村公共物品供给结构与需求结构相互匹配。

供给改革并不是将供给与需求对立，而是让两者相互补充、相互转化。供给与需求应始终遵循平衡的规律，在供给与需求平衡的状态下，社会经济的发展才是可持续的。

二、改革的原则

（一）需求导向原则

就有效需求理论来讲，需求与供给是决定与被决定的关系。考核农村公共物品供给绩效，关键在于考察供给是否符合农民的需求。不以农民需求为出发点来提供公共物品的供给为无效供给。在对农村公共物品供给机制进行改革与创新研究时，应该重视农民的实际需求，有针对性、有重点地根据地区以及收入水平的差异反映对公共物品的不同需求。因此，供给机制的改革需要以需求导向为原则。

（二）效率公平原则

在农村公共物品供给机制改革过程中，需要贯彻效率公平原则。为保证农村公共物品供给过程中兼顾效率与公平，在构建供给体系时既要把满足农民的需求放在首位，也要兼顾供给主体多元化以及协同合作化。在改革过程中，应按照农村公共物品供给内容差异化以及供给结构、地域的不同来选择相应的供给主体，以保证各供给主体充分发挥优势，从而使得效率与公平得到兼顾。

（三）因地制宜原则

中国各地区农村经济发展状况各不相同，所以公共物品的供给在不同地区和不同发展状态下会有一定的差异。在对农村公共物品供给机制进行改革时，应该根据中国东、中、西部不同农村地区各自所处的经济社会发展状况，有针对性地设计符合各地区实际的供给机制。

（四）城乡均等化原则

中国幅员辽阔，人口众多，有着复杂且特殊的国情，各地区、城乡之间公共物品供给不均衡、不协调现象客观存在。在农村公共物品供给机制改革与创新的过程中，应该遵循均等化的原则，考虑农村地区经济社会发展水平的差异，满足不同地区农村居民等不同主体的需求，先实现农村地区公共物品供给的均等化，然后实现城乡基本公共服务的均等化。

（五）分层供给原则

对农村公共物品供给机制进行改革与创新，要充分考虑农村经济发展水平，根据具体地区的政府财政能力、农民对公共物品的需求等因素来对农村公共物品供给排出优先顺序，因地制宜地分阶段逐步实行和推进适合该地区经济发展特点的农村公共物品供给模式。

第二节　构建农村公共物品供给改革的制度框架

一、完善顶层规划与设计

（一）注重政策制度综合保障，支撑乡村全面振兴

发达国家振兴乡村，通常是依靠制定一系列政策措施和制度准则来保证城乡公共资源均衡化的实现，也就是保证农村地区可以像城市一样同等水平、同等质量地享受基础设施和公共服务等基本公共物品。正如本书第七章所述，美国曾建立农产品价格支持政策来支持美国农村社会经济发展，为支持农村社区发展项目，美国政府还采用了信贷支持政策，从而促进农村居民收入更加多元化，同时也在教育、金融、医疗等多个领域的社会保障方面制定相关政策措施，通过多种途径，采用积极的手段来实现农村与城市基本公共服务均等化。日本、韩国的案例反映，政府更多的是通过对农业尤其是农村地区投入大量资金来维持城乡公共资源配置均衡化，一定程度上减缓了城乡人口急剧的单向性流动，保证了有效的农业现代化发展。某些欧洲国家采取的手段更加积极，如财政转移支付、公共投资、产业规划等，目的也是促进地区社会经济均衡有序发展，维持城乡基本公共服务均等化。新时代乡村振兴战略涵盖内容很多，是党和政府以及各部门长期统筹规划和协同努力的成果，而各方面政策的贯彻落实是最终实现乡村振兴战略的重要保障。

（二）坚定走精准扶贫之路，建设好农村小康社会

21 世纪以来，中国经济发展迅速，令世界瞩目，人民生活越来越好，幸福指数不断提高，但扶贫攻坚任务仍然十分艰巨。在当前形势下，扶贫攻坚已经进入冲刺阶段，党中央和政府对扶贫攻坚工作也提出了更高的要求。新时代背景下中国全面建成小康社会、实现中华民族伟大复兴的奋斗进行到了关键时期，精准扶贫成为伟大事业进程中最重要的保障。习近平总书记每年深入农村地区考察调研，多次强调：消除贫困、改善民生、实现共同富裕是新时代中国特色社会主义的本质要求；农村贫困地区达不到小康，就不可能

建成全面小康。

党的十八大之后的五年时间里，中国脱贫攻坚战取得丰硕成果，6 000 余万贫困人口基本实现脱贫，贫困率有显著的下降，从 10.2% 降低到 4% 以下，大范围山区以及贫困地区有了全新的生活面貌。但即便如此，仍然存在很多巨大的挑战，如一些深度贫困的地区农村居民贫困人口的人均收入依然很低。党的十九大报告指出，坚决打赢脱贫攻坚战，重点完成深度贫困地区的脱贫任务，到 2020 年争取现行标准下的农村贫困人口实现脱贫，达到区域性整体脱贫。实实在在将农村公共物品供给带来的好处落实到贫困地区居民家家户户之中。

（三）建立健全城乡融合发展体制，推进公共服务均等化

党的十九大报告中建设性地提出“建立健全城乡融合发展体制机制和政策体系”。这是对国内外城乡经济发展经验的深入探讨之后进行的总结，是党和国家政府聚焦当前城乡发展实际状况，并且着眼于未来新型城乡关系发展趋势，结合当前新时代背景下中国具体国情做出的重大战略部署，也是新时代背景下解决“三农”问题、实施乡村振兴战略、实现农业农村现代化的根本遵循和战略方向。所以，彻底消除城乡二元化是改革进程中的首要工作。

建立城乡融合发展体制机制，健全城乡融合发展政策体系，政府应该充分发挥其应有的作用，尤其是在推进城乡基本公共服务均等化工作中的关键作用。与城市相比，农村是短板。因此，只有投入精力去建立健全城乡融合发展体制机制和政策体系，缩小城乡之间的发展差距，扶持农业农村发展建设，促进生产资源和生产要素优先向农村配置，大力推进城乡基本公共服务均等化，扩大农村各方面产业事业发展建设投入，创造性地构建“工农互惠”“城乡融合”的新型工农关系以及城乡结构体系，乡村振兴战略才能有源源不断的强劲动力。应遵循社会主义市场经济体系的理论成果，更好地发挥市场机制对资源配置的积极作用，实现取长补短、互通有无、优势互补。要进一步深化改革，完善各项制度与政策体系，补齐短板，保障农村公共物品供给与社会公共服务供给。

二、改革各级政府的职能

（一）制定适应社会需要的新政策

由于多种原因，中国农村的公共物品供给制度不完善，改革开放后虽

然公共物品供给取得了一定的成果，但与农村经济社会发展的实际仍然存在着偏差。随着中国农村农民生产生活水平的提高，对于公共物品的需求也不断增加，供给制度需要完善与改革以适应新时代的需要。党的十九大明确提出乡村振兴发展规划，建设美丽乡村需要政策来保障。因此，政府需要出台相关的新政策，政策是农村经济发展的内生动力。增加农村公共物品的供给能够促进农村经济的发展，改革农村公共物品供给制度是全面实现小康社会的关键。

（二）从宏观层面进行调控

政府应通过相应的政策引导农民、市场及第三方等供给主体积极主动进入供给体系，规范行业规则、简政放权，构建各主体主动发挥作用的农村公共物品多元供给体系。

（三）厘清各级政府事权

应当明确政府部门横纵向的关系，厘清各级政府事权，用制度进行约束，保证政府权力的规范运行，做到有章可循，有法可依，对权力进行监督，为农民提供更合理的公共物品供给。

（四）完善政务公开制度

政府应当运用行政权力保护人民，对人民负责，保障人民的知情权，应明确政务公开的具体内容，涉及相关部门利益的可以采取选择性的公开方式。政府需要加强对政务公开制度的监督。由于自媒体迅速发展，信息公开的方式也更加灵活，如微信、微博、客户端等。在公开内容方面，可以采用民众更加容易理解的方式，如图片、图表、视频等。

（五）确保政策的议程环节

在进行农村公共物品供给的决策时，要进行调研、听证，广泛听取民意、专业人士意见，保障决策的科学性。决策在具体落实的过程中应该合理地规定执行人员的裁量权，保障政策合理有效地贯彻执行。根据政策执行结果及时反馈，关注政策的连续性、合理性，进而保障政策的有序执行。

（六）强化政府的监管职能

各级政府要在农村公共物品的供给中发挥监管职能，简政放权、完善机制、规范运营，强调协同共享，鼓励供给主体积极参与，发挥各自优势与能力，确保资源在农村地区的合理有效配置。

三、加强政府的规制建设

（一）加强政府与农村公共物品供给主体间的规制建设

政府应将制定政策的职能与提供公共服务的职能分开，放弃在农村公共物品供给领域的垄断地位，促使公共部门与私人部门开展公平竞争。在明晰公有产权和私有产权的基础上，提高经营的自主性，允许进行各种形式的联合重组，促使相关单位承诺绩效标准，对公共物品供给结果、效率负起责任，建立起直接有效的问责机制。

（二）协调农村公共物品供给主体的公益性和市场性目标

应通过完善政府规制实现公益性与市场性目标的统一，在保护公共利益方面选择继续保持农村公共物品的公益属性，而在整合资源、提高效率方面则选择私人部门的管理手段。政府可以从资源运作效率和效益方面考虑引入私人部门管理的一些办法，实现公益性目标与市场性目标的协调统一。

（三）确保农村公共物品供给主体的利益

政府应规范供给主体的运作方式，调动供给主体的积极性。当政府和个人同时进行投入时，应该明确分清公有产权与私有产权，维护好供给主体的应有利益。政府应以立法的形式确保农业技术发明创造人的收益。政府还应采取措施维护公共领域中的利益和机会平等，这对处于弱势地位的农民具有重要意义，具体措施包括：政府提供准确可靠的公共信息，培育农村民间合作组织，开展农业技术培训，增强农村获取公共资源的能力，努力维护资源利用的公正性；政府通过一定的政策手段防范垄断状态，维护法律权威，依照法律保障供给主体的利益；政府还应采取措施提高私人部门与公共部门的竞争力，加强知识产权保护。

四、改革中央与地方各级政府分级责任制和财政转移支付制度

（一）建立与各级政府权责匹配的新型公共财政体制

财权是指各级政府依法筹集和支配收入的权利，包括税权、收费权和发债权等。财力是指各级政府事实上拥有的包括本级政府税收、非税收收入、政府债务和上级财政转移支付等在内的财政资源。通常情况下，中央政府拥有较大的财权，而地方政府往往要承担更多的事权，这就需要借助财政转移支付方式来实现下级政府事权与财力的匹配，健全财力与事权相匹配的财税

体制，增强基层政府公共物品供给能力，将完善财政转移支付制度作为调整中央与地方关系的重点。各级政府部门应该对农村地区加大政府财政转移支付的投入力度，进一步完善财政转移制度，保证政府转移支付在运行过程中更加规范化、透明化、制度化、法制化。明确政府机关上下级之间的相互责任关系，在财政预算方面给农村转移支付充足的财力保障。完善财政转移支付制度，可以有效缓解县乡财政困难，为农村基本公共物品供给提供必要的财力保障，充分发挥其在缩小城乡公共物品供给差距方面的积极作用。

针对当前转移支付形式不规范、结构不合理、缺乏有效监管和评估机制等问题，需完善以确保基本公共物品城乡均等化为重点的转移支付制度。转移支付规则要更加规范化、透明化，避免出现转移支付随意、无序等乱象。要切切实实扩大中央政府财政支出转移支付部分在农村经济社会建设方面的投入占比。要优化转移支付结构，增加财力性转移支付，尤其是增加不指定特定用途的一般性转移支付，以降低地方政府对上级政府的财政依赖程度，使农村公共物品供给更贴近目标群体要求。要降低中央政府各个部委按照“条条”管理转移到下级政府专项转移支付的比例，并对当前名目繁多的项目进行清理，加强规范化管理，优化运行规则，提高使用效益。

（二）推进中央与地方政府间的分权与分税制改革

在农村公共物品的有效供给方面，分权讲究一定的原则性。比如，政府供给职责界定应尽量与该公共物品的受益范围一致；区域性公共物品的供给职责界定应考虑该公共物品存在于不同领域间不同状况之下的“外部性”程度、规模经济以及行政效率等不同因素，可以采用由上一级政府提供或资助、培育区域合作组织等新型区域性公共物品供给主体，以及调整行政区域等方式解决；不同地区居民应享受大体公平的基本公共物品，不同政府层级间公共物品供给职责的划分应遵循职责与财权相匹配以及事权与财力相匹配的原则；公共物品的供给主体应优先考虑更接近需求群体的基层政府，更好地满足其所在地区居民的公共需求偏好等。

无论是财权与职责的匹配，还是财力与事权的匹配，实质上均与分权直接或间接相关，都离不开中央与地方各级政府间农村公共物品供给职责的划分。改革的方向主要有：首先，通过法律、制度和政策等不同形式界定供给责任和权限，明确而且更加合理地划分好中央与地方上下多级政府的职责所在。当前整体上要加大中央政府的支出比重，减少县乡政府的支出比重。中央政府要采用加大对贫困地区的转移支付力度、提高财政补助等措施，确保覆盖所有农村居民的法定最低标准的基本公共物品的供给。中央和地方政府对共有职责亦应有明确的职责分工和责任分担比例或方式。其次，给地方政府一定的自治权，提高地方政府对于农村工作的行政能力。地方自治的广泛推行，有利于跟进地方公民的差异化需求和变化趋势，优化农村公共物品供给结构；有利于让更多的公民参与供给决策，优化民主决策机制；有利于推动地方政府在供给体制和模式上的创新，并能更好地引入市场机制，提高供给效率。最后，依法分清地方政府对于公共物品供给的权责，并依照法律严格履行。县乡（镇）政府主要履行供给公共物品的职责。在基本公共物品供给领域，中央政府在加大自身供给责任的同时，要加强对县乡（镇）政府公共物品供给效率的监管和评估，激励和约束其行为。

提高农村公共物品供给的有效性必须有足够的财力支撑和一定的税收保障。当前的分税制和与此相关的政府行政管理体制已难以适应供给体制改革和重构的需要。根据农村公共物品供给体制改革的相关要求，本书提议可采纳下列若干完善措施：第一，在加强中央政府财权的基础上，重建财权与职责、财力与事权相匹配的分税制度。明确各级政府对于农村公共物品供给相关责任与权限是前提条件，在此基础上建立起与县乡（镇）政府财政收支责任相互配套的财力保障体制，扭转“政府层级越高财权越大，层级越低事权越大”等不合理的财税资源配置结构，尽量避免在没有财力保障的条件下增加农村公共物品供给责任这类改革措施的出台。第二，尽快清晰明确地指出财税体制改革的着力点和方向。从世界范围看，中央政府集中大部分税收收入和地方政府“事多钱少”的情况并不少见，关键是政府必须采取措施协调好中央和地方的关系。从中国当前实际看，不应片面追求简单的财力与事权相匹配，而要努力实现同一层级政府的财力与事权相匹配；不应片面追求削减中央政府财权，而要在中央政府财权增强的同时，扩大政府转移支付等类型财政支出占比，因为其具有相对均衡性，所以可以借助上级政府对下级政府财力的转移来促进城乡和地区间基本公共物品的均等化；不应片面着重地方经济总量、乡镇财政收入等指标，也不应片面着重农村基本公共物品供给与地方经济财政收入总量之间存在的关联，而要切实加强落后地区基层政府履行其公共物品供给职责事权的必备财力，完善农村基本公共物品供给的公共财政保障体系。第三，完善地方税收体系，建立稳定的地方财源。完善地方税收体系的关键是重建地方政府相对稳定的税收能力。可采取明确地方各级政府主体税种、适当扩大地方税权、降低共享税比重、提高地方征税效率、进一步推进费改税等措施，以便从整体上保障地方政府的财税收入与支出的基本平衡。第四，加快税法建设。政府的税收权源于法律的授权，各级政府的税收行为必须合法化和透明化，减少随意性。无论是中央和地方税收体系的构成，还是税率高低、税收征管规则和税务机关征管范围的确定，都需要有正式的税收立法，应依法实行税收管理，推进税制改革的深化。此外，依法对政府转移支付进程实行严格监管也必不可少。

第三节　改革与创新农村公共物品供给体制

一、完善农村公共物品多元供给机制

（一）多元供给机制的供给主体选择

农村公共物品供给主体主要有政府、市场、第三方，其中的“政府”包括中央、省、市、县、乡政府。各个层级的政府均有与其相匹配的供给范围，各供给主体在政府的带领下发挥各自的作用，从而形成一系列农村公共物品供给结构体系。

从传统意义上来讲，无论是从理论还是从实践角度来看，政府很长一段时间以来，甚至在未来一段时间内都是公共经济的主体。政府部门近乎完全地管理着全部公共事务，在此背景之下，政府财政尤其是乡镇政府财政难以长期高效地承担农村公共物品的供给。因此，政府有限的财政能力与公共物品需求的无限扩大产生了尖锐矛盾，使得供给有效性降低，政府供给的品质逐渐下降，需要市场与第三方等供给主体加入供给的队伍中，满足越来越复杂多样的公共物品需求。为此，应该合理构建多元主体模式，发挥供给主体整合优势，形成优势互补的合作关系。

构建农村公共物品供给主体优势整合的合作模式有其明确的目标，即多元供给主体在优势整合的合作模式下，同时同步履行相关责任，共同承担相关风险，将各供给主体所掌握的公共物品资源或者公共服务进行优化配置，

充分发挥各自优势，实现农村公共物品以及公共服务的高效供给。

多元供给主体构成的合作模式有诸多好处。首先，能够直接明确地满足农村地区对多样化公共物品的需求。各供给主体有着各不相同的特征属性，在各主体多元多层级合作提供农村公共物品的条件下，各供给主体结合自身条件充分发挥优势，可以有效实现农村公共物品供给的多样化。其次，有利于补足短缺资金。在农村公共物品供给主体合作模式下，政府、市场、第三方的优势都可以充分发挥出来，丰富了供给资金来源渠道，明显地缓解了政府财政资金的压力。最后，农村公共物品供给主体合作模式的展开在提高供给效率的同时也提高了供给质量。市场和第三方同时参与到供给中，在一定程度上与政府形成竞争关系，有利于突出各供给主体的优势，弥补长期存在的供给质量缺陷。

（二）多元供给机制的供给主体改革

第一，加快转变政府职能。政府职能的转变是农村公共物品多元供给的前提条件。多元供给使政府获得很大的灵活性，并使其在公共管理事务中依然处于核心地位，同时，政府的其他作用又没有受到任何限制。政府也可以不参与合作事项，只进行相关政策的制定。政府应该鼓励非政府供给主体参与到供给中，承担起一部分供给责任和供给任务。农村公共物品多元供给倡导的政府职能与中国传统农村公共物品供给机制中的政府职能是不同的。因此，在供给机制创新过程中，首先，政府应接纳多元主体积极参与，并为其提供良好的宏观环境；其次，应按照农村公共物品的性质、农民的需求、地区的特殊情况等划分职责；最后，在多元供给的框架下政府应承担起动员合作、协调利益、统筹调配等职能，最大限度地发挥政府在中国农村公共物品供给中的主导作用。

第二，激励各供给主体积极参与供给。目前，中国农村公共物品仍然还在依靠政府来供给，完全由政府垄断的公共物品供给必然有着诸多缺陷。首先，在复杂的供给各环节中难免产生“政府失灵”的现象，单一的政府供给并不能完全考虑到农村公共物品供给的各个环节。其次，农民对公共物品的需求也随着时代的进步而日趋多样化，政府的单一供给不能满足需求。最后，农村公共物品供给普遍存在资金不足和资源缺乏的问题，然而，民间供给主体以及第三方等供给主体还不够成熟，供给体系还不够完善，供给资金的能力也比较薄弱，所以政府还需要进一步扶持民间及第三方供给主体的发展，鼓励和扶持各供给主体积极有效地参与农村公共物品供给。一是大力发掘市场力量在农村公共物品供给中的积极作用。二是加大力度培养扶持社会经济组织参与农村公共物品供给。三是促进各供给主体协同合作。四是协调好合作网络中各供给主体之间的关系。

二、改进农村公共物品供给需求机制

（一）健全农村公共物品的需求偏好表达机制

新时代的农村社会，农民对公共物品的需求偏好渐渐表现出差异化的趋势，但是由于存在“搭便车”心理，加之利益表达意识薄弱，农民有时候会刻意隐瞒自身对于某种公共物品的需求。除此之外，现阶段中国大部分地区实行“自上而下”的农村公共物品供给体制，农村居民真实的需求和偏好通常不会被考虑到。所以，当务之急就是要建立健全需求表达机制，引导农民表达自己的需求，提高农民需求表达能力，畅通需求表达渠道。

由于资源禀赋等因素造成了地区间农村公共物品供给的差异，因此要因地制宜选择供给模式，提高供给效率。要确保农村公共物品的有效供给，就必须使供给满足农民的实际需要，应通过征求农民意见，有效了解农民的切实需求。

（二）建立以“村民自治”为基础的需求表达机制

如前所述，蒂博特模型等西方理论模型均不完全适合中国实际国情，但对中国特色社会主义的公共物品需求表达机制的设计还是具有很重要的借鉴意义。党的十九大报告中明确提出创新乡村治理体系，建立现代乡村社会治理体制，健全乡村治理体系，严肃查处侵犯农民利益的“微腐败”。上述模型的核心思想为中国目前的“村民自治”模式提供了重要借鉴。

农民通过自治组织依法办理村内公共事务，从而实现村民的自我管理、自我教育和服务。村民自治主要是通过民主选举与决策、管理与监督的具体形式来实现的。农村社区的居民充当村民自治活动的主体成员，直接面对农村社区的公共物品。因为村民自治制度没有落实好，农民不能真正表达意愿，所以供求不符，效率偏低。如何贯彻落实及完善村民自治制度是当下的一项重要课题，党中央指示地方机关单位要严格遵守“村务公开、财政公开、民主理财”三项基本原则，让农村居民以及社区居民们充分发挥主观能动性，由他们自己来决定公共物品的供给方向。此外，坚持推行乡镇领导直选制度，这样被选举者能够将农民的实际需求考虑到决策中，实现供需一致。

三、优化农村公共物品供给决策机制

（一）创建完善的民主表达机制

目前中国农村公共物品供给机制是“自上而下”的，存在公共物品供给与需求脱节的问题，因此要通过改革创建完善的民主表达机制。乡镇的权力决策机关是乡镇人民代表大会，近年来政府也在不断地完善民主表达制度，最民主科学的方法应该是在村民代表大会中通过民主投票来做出相关决策，使农民充分表达自己的意愿。为保障决策的科学性，部分大规模的农村公共物品供给可采取专家听证会的形式。此外，为提高供给水平和质量，可以将农民对农村公共物品供给的满意度评价作为政府官员政绩考核的重要标准。

（二）提高农民的组织化程度

意识局限以及弱势群体地位使农民在公共物品供给决策中无法真正表达实际的需求与意愿。农民是农村公共物品的直接使用者，而代表农民利益的阶层在政治层面又是缺失的，二者的矛盾要求农民不断提升自身的组织化程度，争取在供给决策中有效表达自己的意愿，并形成一种影响力。各级政府应鼓励农民创建农民协会，让农民代表参与农村公共物品供给决策，增强农民维护自身权益的意识，从而提高政府决策的科学性，让农民和政府双方都能够获得利益。同时，还可以约束乡镇政府，防止其滥用职权，并有效抑制农村公共物品的无效供给。

（三）选择差异化的决策方式

在制定农村公共物品供给标准时，应该因地制宜，保证供给标准符合其经济发展水平；根据农民需求、主体的适用领域等因素对农村不同地区的供给主体进行合理选择；根据需求的差异性充分考虑供给的优先序；根据农村地区的特点进行科学的供给决策，合理确定供给数量与对象、供给与融资方式等。将农民需求与决策机制有机结合，在各层级的决策中，不同的农民人群参与决策的方式方法不尽相同，因此，要实事求是地对不同层次的公共物品进行区分，采取最适合的决策方式来参与决策。

四、创新农村公共物品供给融资机制

（一）健全分级分类的投入体制

在中央、地方各级政府工作中明晰事权责任以及投入责任，着力构建出中央支持、省级统筹、县级负责的投入体系，努力做到事权清晰、权责一致。政府负责建设投入大、收益小的公共物品供给项目（如农村供水、农村生活垃圾处理等），同时扶持社会组织或者农民组织积极参与有所收益的公共物品供给；对于农村供电、通信等这些经营性的公共物品供给，鼓励以企业投入为主导；对于偏远的贫困山区，政府应给予一定的补助。

（二）加大金融支持力度

政策性银行以及各种类型的开发性金融机构和金融组织要加大对农村公共物品供给的扶持力度，各大金融机构应根据职能定位和业务范围加大农村公共物品信贷投放力度，通过各种途径全力支援农村公共物品供给工作，支持农业农村发展。应鼓励各大国有银行以及股份制商业银行提高金融服务质量，尤其是面向“三农”的农业银行，应发挥其独有的优势。随着时代的进步，银行业以及各类金融机构推出以收费权、特许经营权等作为担保的创新型贷款业务，这些贷款业务完全可以作用于“三农”领域，国家和政府也应该给予支持。同时，还应该完善中央财政补助方面有关涉农领域的贷款政策，对于一些收益好、市场化运营佳的农村公共物品供给突出优秀项目，可以鼓励有关单位开展股权或者债权融资等融资活动。应加快推进农村信用体系建设，建立多形式、多种类的增信机制。另外，还应采取措施吸引外资投入和建设农村公共物品。

（三）强化国有企业的社会责任

加强电力企业、信息通信企业的自身建设，为农村地区提供更全面、更有效的服务，尽早完成大范围的农村电网改造升级工作，为更多的贫困山区提供信息通信服务，进一步扩大信息通信的覆盖面积。积极倡导其他有关领域的国有企业拓展业务范围，给农村地区提供更多、更全面的公共物品，引导中央和地方国有企业参与到农村公共物品供给工作中来。

（四）引导社会各界积极援建

企业、社会组织、个人通过捐款、捐物等简单的形式就可以为农村公共物品供给提供强大的资源。因此，要鼓励和引导国内外公益慈善机构、基金组织、社会团体以及社会各界人士积极参与农村公共物品供给，为农村筹集更多的公共资源。应进一步推进东西部人员的交流和往来，引导东部地区人才、资金等资源向西部流动，从而支撑贫困地区农村公共物品的有效供给。

（五）充分调动农民参与的积极性

在农村地区必须尊重农民的主体地位，在此基础上加大宣传力度，加强科学文化教育，发挥农民群众在公共物品供给决策、投入、建设、管护等方面的关键、直接、积极的作用。在农村贫困地区着力完善村民“一事一议”制度，加大财政奖补力度，合理地进行筹资筹劳。鼓励村集体组织带领农民自主筹资筹劳，在村一级范围内开展各项公共基础设施的开发建设，还要最大限度地发挥出新时代下新型农业经营主体的监督作用。

五、构建农村公共物品供给问责机制

（一）健全法律法规保障体系

为了有效落实农村公共物品供给问责机制，政府应制定相关的法律法规，对未履行供给职责的责任人依法应当承担的行政或者法律责任做出明确规定。依法监管和依法行事靠的是完善的法律法规体系，只有健全法律法规体系，制定出明确的问责制实施条款，才能全面保障农村公共物品的有效供给。

（二）建立健全现代监管体系

要建立供给监管体系，健全治理机制，明确监管职能，完善规则与程序。政府应采取相应措施将监督、决策与咨询职能分离，建立起严格有序的预算管理体系及监管体系，完善供给经费监督与供给经费公开透明的制度。政府部门或个人一旦违反法规，一律依法处理。

（三）确立以结果为导向的评估机制

要确立一种新型的问责形式，在这种新型的问责形式下，下级政府部门定期提交绩效计划与报告，上级政府部门通过绩效评估与反馈等方式完成问责程序。这种新型的问责形式有利于提高政府公共物品供给质量以及成本效益核算的精确性。涉及政府各层级之间的评估时，可将各方调研得出的各类绩效统计信息进行充分的分析计算，完善好相关绩效评估体系和指标，对于其中的某些绩效结果进行多方考量和多途径、多方式的评估，根据评估结果，对涉及的人员或者环节进行褒奖或者惩处。对参与公共事务的人员进行全方位的评估，通常要以一定规范下的指标作为依据。

（四）推行公共物品供给承诺制

在农村公共物品供给中推行承诺制，要制定好一定的供给服务标准，并建立投诉制度。在推行农村公共物品供给承诺制后，农民有权利对违背承诺的个人或政府组织追究违规责任。当前要在政府行政服务、农村义务教育及医疗卫生等领域切实推行承诺制。

（五）创建公众需求回应制度

政府应该对农村公共物品需求的多样性、可变性进行第一时间的响应，建立农民需求表达机制，完善农村基层民主建设，建立公共物品需求回应制度，确立法律及政策依据，明确回应的时间期限，出台违规处罚措施，创建“超时默许”的运行规则。

第四节　农村公共物品供给改革的路径选择

一、调整政府支持保护政策，增加供给投入

（一）完善财政投入稳定增长机制

一直以来，政府优先保障中央财政对“三农”领域的投入，始终把“三农”领域的投入作为党和国家固定资产投资的主要范围。因此，各级地方政府应该统筹规划好政府土地出让金等各类资金，鼓励和支持农村公共物品基础设施的建设。同时，鼓励乡镇地方政府以长期规划作为依托，将渠道不同而建设内容相关的资金进行高效整合，从而形成一股较强的合力。

（二）创新政府投资支持方式

在支持农村基础设施建设上，应更好地发挥政府投资的主导作用，同时还应该和直接投资、投资补助、资本金注入、财政贴息、以奖代补、先建后补、无偿提供建筑材料等多种渠道、多种方式相结合。鼓励地方政府联合地方有实力的社会资本共同投资设立农村基础设施建设基金。建立地方政府在举债融资方面的机制，积极进行市场化的融资转型改制，对农村基础设施建设方面的融资项目给予特殊扶持。允许地方政府针对农村道路建设、供水设施建设、污水垃圾处理设施建设等重点、基本的基础设施建设，通过发行专项债券给予金融支持，有条件的县级地方政府可以自行探索发行县级农村基

础设施建设项目的集合债券。除此之外，在农村供电基础设施建设、电信基础设施建设的项目中支持符合条件的企业发行企业债券。鼓励地方政府加大力度通过财政拨款、特许经营或委托经营等渠道筹措农村基础设施建设资金，在某些自然生态环境较好的地区，可以尝试将农村基础设施建设与产业园区建设、乡村旅游开发等衔接和捆绑，进行一体化开发建设，协同发展，利用公共资源实现互利共赢。

（三）建立政府和社会资本合作机制

中国各地可尝试采取政府财政资本与社会资本联合运行、互利共赢的新型农村公共物品供给模式，逐步引导社会资本向农村公共物品供给方向流动。按照“公益性项目、市场化运作”的先进发展理念，运用创新思维构建农村公共物品运营模式。地方政府可以统筹规划，将农村公共物品项目有序整合、统一建设，节约建设成本，提高收益能力。要建立切实可行的运营补偿机制，确保社会资本的投入能够得到合理的回报。对于社会资本在农村地区参与建设的公共物品项目，可以在用电、用地等方面给予优先保障。

二、推动公共资源向农村优先配置，提升供给质量

（一）加大农村基础设施投入

农村基础设施为整个农业生产和消费提供“共同生产条件”和“共同消费条件”，农民在生产和生活上对其具有很强的依赖性。中国农村基础设施相对薄弱，已经成为制约农业可持续发展、农民收入水平提高和生活改善的重要因素。第一，农田水利基础设施等生产性基础设施的投入必须摆在第一位。对于小型农田水利基础设施的建设不仅不应松懈，而且要加大投资力度。中央和省级财政要在已经妥善整合专项资金的前提条件下，从预算新增财政收入中合理安排出一部分资金，作为小型农田水利设施建设补助专项资金，鼓励农民在小型农田水利设施建设过程中给予必要的资金投入和劳动投入。市、县各级政府也要顶住压力从财政资金中增加相应的配套资金，切实有效地增加对小型农田水利设施建设的资金、劳动等资源的投入量。第二，尽快实施以节水灌溉为主的大型灌溉区的建设，采取一系列续建配套措施，开展小流域治理，努力扩大农田有效灌溉面积，提高农业抗御自然灾害的能力，加大生态环境保护力度，防止耕地面积减少和耕地质量下降。第三，逐步加大财政对农村公路、电网、信息通信网络、文化场馆等农村生活性设施的投入。

第四，提升农村对生活垃圾的净化处理能力、污水处理能力，不断优化农村地区农民的生产生活条件，提高农民收入，建设生态文明的小康社会。

（二）优先发展农村教育

当前中国农村改革已进入以统筹城乡发展为目标、建设小康社会的新阶段，必须加快改革造成城乡分治的不合理制度，赋予农民作为公民所必需的生存和发展的权利，改变农村地区社会事业长期停滞不前的消极状态，优先对农村基础教育强化供给。第一，明确农村义务教育的发展对于国家建设的重要意义，建立整体推进、以城带乡、城乡均衡的农村基本义务教育发展机制；第二，将农村教育作为一切社会事业发展的核心，在科学的统筹规划之下推进农村各项社会事业的蓬勃发展；第三，全面改善农村地区小学、初中基本义务教育学校的办学水平和办学条件，加强学校基础设施的建设和维护；第四，推进农村地区教育发展，缩小与城市间的教育差距，既要提高农村地区学前教育的办学水平，也要促进高中阶段教育的普及；第五，提升农村地区对人才的吸引力，让优秀的教师人才愿意来到农村教学，采用福利激励等措施统筹配置城乡师资，建设一批批优秀的乡村教师队伍；第六，继续实施“三支一扶”、特岗教师计划等，组织实施高校毕业生基层成长计划。

（三）完善农村基本养老保险制度

当前，城乡统筹协调发展的新时代目标还未达成，社会保障体系的建设是实现这一伟大目标的基础和根本所在，社会保障也是中国每个公民都享有的一项基本权利。第一，根据新时代背景下城乡统筹发展的新要求、新目标，应计划性地增加公共财政对农村社会保障制度建设的投入总量，提高每个农村居民所享受的社会保障水平；第二，由于全国各地经济发展的具体情况各不相同，所以更应该因地制宜，循序渐进，建立起符合各地实际的、不同层次的、标准有别的农村社会保障体系；第三，在全国各地区乃至少数民族地区建立健全农村低保制度、农村社保制度和医保制度；第四，建立健全农村五保户供养、特困户生活救助、灾民救助等社会救助体系；第五，提高农民基本养老金额度，提高农村低保标准并且扩大低保覆盖面。

（四）完善农村医疗保险制度

实现城乡公平、区域公平，促进城乡经济协调发展，最终全面建成小康社会，推进基本医疗供给体制改革是不可或缺的一环。第一，全民医保体系发展和深化医改全局中，已经明确将农村医疗保险制度整合纳入并进行统筹安排；

第二，立足农村社会发展水平及农民承受能力，保障基本医保待遇，缩小城乡差距与地区差距，实现可持续发展；第三，完善医疗门诊统筹制度，逐渐缩小政策范围内与实际支付间的差距，提高保障水平；第四，提高农村医疗保险统筹层次，完善医疗救助信息系统，提升服务效能；第五，推动形成合理的医保支付标准，推进总额预付以及按病种、按床日付费等多种支付方式的改革。

三、突出科技创新驱动，调整供给结构

（一）推进“互联网+”农村公共服务供给

当前“互联网+”的浪潮已经席卷中国乃至整个世界，大力推进互联网与农业农村发展相融合已成为社会发展的趋势。因此，推动农业供给侧结构性改革，加快现代农业发展，促进农村一、二、三产业融合发展已成为解决“三农”问题的重要路径。第一，充分利用云计算、大数据和移动互联技术，建立农村互联网公共服务平台。基层政府根据实际，加强对农民高访问量模块的建设，通过对相关信息的筛选和研究，实现对农村公共服务需求（如农村医疗卫生、文化教育等）信息的精准捕捉。第二，推动互联网公共服务平台多样化，通过公共服务平台解决在现实生活中不能够有效满足农民需求的难点问题，第一时间向农村反馈公共服务政策及措施。第三，完善农村公共服务平台的设计，兼顾老人和小孩等弱势群体的需求。第四，重视农民在互联网中的各种信息反馈，尤其对享受公共服务后的评价反馈信息要高度重视。

（二）以“智慧农村”驱动公共物品供给改革

互联网技术的迅速发展既促进了社会进步，也为经济增长带来了新机遇。信息技术的普及加快了中国智慧农村的建设。2017年的《中国互联网络发展状况统计报告》显示，截至2016年12月中国网民总数已经达到7.31亿，互联网普及率达到53.2%，其中，农村网民达到2.01亿人，占27.4%，比2015年增加了近526万人，但农村地区互联网普及率仅为33.1%。

因此，要在农村基础设施建设、多方主体参与、提高农民积极性、深化改革等方面，以“智慧农村理念”驱动中国农村公共物品供给改革，加快实现全面建成小康社会目标。第一，科学规划、多方试点，逐步完善智慧农村发展理论；第二，在供给侧结构性改革进程中，“补缺”农村基础设施建设，为智慧农村建设奠定坚实可靠的基础；第三，将智慧农村的发展和建设与农民生产生活结合起来，提高农民参与公共物品供给的积极性；第四，积极推

进多方参与智慧农村公共物品供给，从政府主导向市场主导的方向发展；第五，按步骤、分阶段实施与推进，促进智慧农村公共物品供给的全面发展；第六，深化改革，为农村居民创造出更好的社会生活环境，为智慧农村公共物品供给打好基础。

（三）以“科技下乡”创新驱动公共物品供给服务

第一，积极开展一系列农业政策解读和科技服务活动，如政策宣讲、专家建言献策、企业技术咨询、医疗保健义诊、科学知识普及等；第二，紧跟科技步伐的同时推进科技下乡，稳步推进精准扶贫，使科技走进人民生活中，为贫困地区早日脱贫提供人才支持和科技保障；第三，扩大“科技下乡”活动的影响范围，围绕科技创新创业、科技惠及民生、科学知识普及等方面实施创新驱动发展战略，有力地推动农村经济社会发展；第四，政府相关单位着力提升贫困地区的科技服务水平；第五，提高农民群众的科技文化素养，切实提高农民独立依靠科技脱贫致富的能力。

（四）通过科技信息推广增加农村软公共物品供给

世界上大部分发达国家很早就建立起了成熟而且稳固可行的农业教育、科研、技术推广体系，不仅拓展了农业科技的深度和广度，还保证了最新的农业科技发展成果直接应用于农业生产环节。中国农业资源紧张，通过扩大耕地面积增加产量的潜力不大，只有依靠科技进步提高单位面积产量来加快农业发展。第一，政府应从全局性、战略性、基础性的视角，不断增加农业科技探索和农业技术推广的投入，提高农业科技费用占农业总产值的比重，同时发挥在科技推广项目上的主体地位和主导作用；第二，政府要利用税收减免、贴息贷款等优惠政策吸引其他投资主体参与农业科技推广，完善农业科技推广网络，使生产与科研走向一体化；第三，降低农业科技推广的成本，提高农业和农民的自我发展能力。

四、改进公共资源均衡配置，促进供给公平

（一）补齐农业职业教育缺失的短板

党的十九大报告中多次提到“农业农村优先发展”“教育优先发展”“就业优先发展”。农业现代化说到底其实是要实现人的现代化，但是当前农业现代化的知识很难传递给农民，这是亟待解决的难题。党的十九大建设性地提出了“新时代新机遇”的指导思想，明确指出要大力发展农业职业教育，尤

其是高度重视有关现代农业的职业教育，补齐中国农民缺乏系统化职业教育的短板，给中国现代农业发展和社会主义新农村建设带来了希望和机遇。第一，使农村基础教育更多地与实际结合。借助职业教育的丰富资源，使更多农民接受农业职业教育。积极推进农业职业教育，改革教育资助政策，将农业职业教育纳入国家资助对象的范围。第二，继续出台更多优惠政策鼓励毕业大学生返乡创业。一方面，通过采取有针对性、选择性地放宽人才回村户籍制度等一系列农业创业优惠政策，吸引高水平人才返乡创业；另一方面，要为大学生回村自主创业提供良好的政治环境。第三，大力办好农业职业教育，不仅要体现政策取向，还要做好宣传和引导。针对现阶段的农村发展状态，要更加深刻地理解职业教育的意义，普及职业教育知识，营造出“热情学习农业科技”的农村社会氛围，鼓励职业农民发扬园丁精神。第四，建立起像发达国家一样的职业农民制度，发挥科研人才的支撑作用，鼓励更多的社会各界人士投身乡村建设。

（二）继续推进农村公共文化服务供给改革

当前，有很多农村对基层公共文化服务进行了初步的改革探索，但是依然存在供给端短板。在供给侧持续改革创新中，要从以下几个方面推进农村公共文化服务供给改革。第一，采用“互联网 + 文化”的新模式来丰富农民的文化需求，实现公共文化服务的均等化；第二，激发农民主动参与的积极性，培养村民文化志愿者，缓解文化服务人才不足的状况；第三，加大文化扶贫力度，努力使贫困地区公共文化服务达到全国平均水平；第四，增加农村优秀公共文化服务的供给，更多地提供农民喜欢、内容健康、形式丰富的文化产品；第五，根据社会结构变化进行调整，避免资源配置错位；第六，提高服务效率，弥补农村公共文化建设中标准化、均等化低的缺陷；第七，从丰富内容和提高质量两个方面满足农民文化生活需要，并且应该以不断更新和多元化为目标，贯彻落实《公共文化服务保障法》；第八，政府发挥指引作用，不断引进公共文化服务方面的人才，重视对扎根农村的文化能人和民族文化传承人的培养。

五、建立动态供给机制，提高供给效能

（一）增强供给的针对性，加强对农村特定人群的帮扶

对于老年人、残疾人、孤儿等有特殊困难的特定人群，政府应该在公共

服务上有针对性地提供特殊帮扶，保障特殊弱势群体在社会中的平等权益，让他们更加有尊严地生活和平等地参与社会事务。除此之外，政府还应建立健全农村留守儿童和妇女等人群的关爱服务供给体系。

（二）探索动态化的多元供给方式

在供给方式的选择上，应综合考虑中国农村各地区的差异状况、供给主体的供给能力以及农村公共物品的性质和类型的动态化等因素，选择适合其需求的供给方式。既要避免供给方式与农村公共物品动态变化产生矛盾，也要使各地区农村公共物品的供给方式符合其社会发展，还要实现农村不同区域之间供给的均等化。第一，位于中国东部的城市或者乡村地区，经济社会发展水平较高，市场和第三方等供给主体的实力雄厚，投资环境优越，供给主体的积极性较大，机会也比较多，发展型和享受型公共物品供给更适合这类地区。所以，中国东部农村地区宜选择市场化的供给方式。第二，中部地区经济发展速度比较缓慢，市场、第三方等供给主体比较弱小，投资环境较东部地区差，各供给主体的参与度不高。所以，在中国中部地带的农村更适合采取混合的供给方式，应该鼓励各供给主体发挥各自的力量。第三，中国西部的农村地区经济发展落后，社会发展缓慢，供给主体资本力量较弱，需要政府的大力支持。而且在中国西部地区的农村中，农民需要的更多是生产和生活性的公共物品供给。所以，现阶段应该选择政府主体的供给方式，同时鼓励市场和第三方等供给主体积极参与农村公共物品的供给。

（三）探索农村公共物品分类、分层供给模式

由于中国各农村地区在自然条件和社会经济以及农民观念意识等方面的发展程度不同，相应的供给需求也具有差异性。采用单一的农村公共物品供给模式难以有效地满足需求各异的主体，且供给效率也较低。

要想实现农村公共物品的有效供给，首先就要结合各地区农民的多样化供给需求对农村公共物品供给模式进行“因地制宜”的创新改革。要根据各农村地区农民的实际需求及经济发展状况，选择相应的供给模式。以多元化需求为根本选择供给模式，能更符合相应农村的实际发展，实现多元供给主体间优势的互补，从而增加农村公共物品的有效供给。其次，对于民间组织提供农村公共物品的供给模式需要创新性的新政策来保障。新时代下城乡社会结构日益优化，民间社会组织也在不断成长壮大，逐渐成为农村公共物品供给主体中的重要一员。为了满足农民日益增长的多元化多样化需求，必须

创新民间组织提供农村公共物品的供给模式和供给制度规范，如政策参与、自愿动员等。

（四）探索农村公共物品 PPP 供给模式

根据私人部门提供公共物品的数量、质量以及其他相关因素，政府应合理地设置一个分阶段的付费方式，即 PPP 供给模式。PPP 供给模式不仅避免了政府的一次性巨额投资，有利于加强事务管理，还可以一定程度上节约成本。PPP 供给模式能够引进科学的管理方法，提高项目建设的质量与效率，让广大农民受益。第一，农村公共物品供给可以选择政府和私人主体合作的委托经营、公私合营、特许经营以及组建集团公司或股份公司等方式。对于农业技术培训，政府确定培训内容、协调培训资源，而私人主体则具体负责培训过程，两者优势互补。第二，PPP 供给模式更适用于大型水利设施以及文化教育设施等农村基础设施建设。第三，为防止信用缺失、供给质量下降等问题的发生，PPP 供给模式需要加强法律化和规范化等方面的建设。第四，PPP 供给模式大力吸引民间资本投入农村公共物品的供给，可以有效推动供给体制改革和进步。私人资本投资农村公共物品供给，可以优化资源配置，促进投资环境的改善，缓解财政压力，降低政府负担。

（五）确定科学合理的农村公共物品供给顺序

农村公共物品的种类和数量由农村地区当地的实际经济水平、政府财力、农民需求的层次变化而决定，随着社会经济发展、政府财力增加以及农民需求层次提升，农村公共物品的供给呈现出由低层次向高层次发展的趋势。第一，根据各地区发展阶段和发展水平的不同，相应的农村公共物品在数量和种类上供给的优先顺序应该具有差异化。在经济发展水平较低的农村，应首先提供满足农业生产基本需求的公共物品，如道路、桥梁、水利设施、电力、大型农机具等。随着美丽乡村建设进程的加快，需要逐步加大对农民生活所需公共物品的供给，如教育、医疗、治安、社会保障、休闲娱乐等。第二，应按照经济发展、政府财力以及农民需求等具体实际，合理确定农村公共物品供给的优先顺序，分阶段、分地区循序渐进地实施，切实增加农村公共物品的有效供给，早日实现公共服务均等化目标。